삼국지연의보다 재미있는
정사 삼국지 2

삼국지연의보다 재미있는

정사 삼국지2

20만 유튜브 독자들을 소환한 독보적 역사채널
써에이스쇼의 삼국지

써에이스 지음

원너스미디어

차례

3부

적벽대전

: 위촉오 삼국시대의 문이 열리다

14장

유수구에서 부딪치는
조조와 손권,
합비의 장료

214년 여름, 유비는 간옹(簡雍)을 사신으로 보내 유장에게 항복할 것을 독촉한다.

성도에서 농성하고 있던 유장은 3만 명의 대군과 2년 치의 식량을 보유했기 때문에 싸워볼 만한 상황이었지만 1년 동안 버텨주던 낙성이 유비 손에 떨어진 것도 모자라 맹장으로 유명한 마초가 유비에게 투항했다는 소식이 들려오자 완전히 전의를 잃은 상태였다.

　　결국 항복을 결심한 유장은 "우리 부자가 20년 동안 익주
에 있으면서 은덕을 백성들에게 베푼 적이 없다. 백성들은
3년이나 전쟁하느라 시체가 널렸으니, 이 유장 때문인데 어
찌 마음이 편할 리 있겠는가."라고 말했다고 한다.

　유장이 간옹과 함께 성을 나와 유비에게 항복하자 이 모습을 지켜보던 사람들 중에 눈물을 흘리지 않은 자가 없었다고 한다. 그렇게 항복을 받아낸 유비는 유장에게 재산을 돌려주고 그를 남군(南郡)으로 보낸다.

　마침내 형주에 이어 익주마저 차지한 유비는 불과 몇 년 만에 조조와 손권에게 크게 뒤지지 않는 거대 세력으로 올라선다.

　213년 1월, 조조는 유수구(濡須口)에서 손권군을 공격한다.

　손권은 여몽의 조언에 따라 유수와 장강이 만나는 유수구에 미리 유수오(濡須塢)라는 보루를 세워둔 덕분에 조조의 공격에 대비할 수 있었다.

　여몽이 보루를 세워야한다고 얘기했을 때, 손권의 부장들은 적을 공격하다가 배를 타면 되지 보루가 대체 무슨 소용이냐고 물었다. 그러자 여몽은 "적군이 배에 타 있을 때가 아니라 기병인 상태로 공격해오면 우리의 공격을 받았을 때 배로 도망갈 틈이 없을 것입니다."라면서 손권을 설득하여 보루를 세웠다 한다.

　손권은 원군을 보낼 거라고 기대했던 유비로부터 아무런 소식이 없자 직접 7만의 군을 이끌고 유수구로 향한다.

　유수구에서 맞닥뜨린 조조와 손권, 양군은 한 달간 몇 차례 전투를 펼치지만 어느 쪽도 승기를 잡지 못한다.

　한번은 손권이 배를 타고 나와 전황을 살폈는데 조조군이
쏜 화살 무게 때문에 배가 한쪽으로 기울자 손권은 배를 돌
려 다른 면에도 화살이 꽂히게 해서 배의 균형을 맞춘 뒤 돌
아간다. 《삼국지연의》에서는 이 이야기를 적벽에서 제갈량
이 조조의 화살을 이렇게 빼앗아가는 활약상으로 바꿨다.

　이후, 손권이 조조에게 "홍수가 일어날 시기이니 철수를
하는 것이 어떻겠냐?"라고 권하자 마침 지쳐 있었던 조조는
잘됐다 싶어 군을 철수시킨다.

    214년 5월, 손권이 여몽과 감녕을 앞세워 환성을 함락시키자 조조는 2개월 뒤 7월에 다시 유수구에서 손권과 대치한다.

    조조는 이번에도 유수구에서 한 달을 대치하다가 돌아갔는데, 이때 감녕이 단 100명의 병사만 이끌고 조조의 대군을 기습해 많은 병사들의 목을 벤 적이 있었다. 이를 본 손권은 "조조에게는 장료가 있지만 나에게는 감녕이 있으니 서로 해 볼 만하다."라는 말을 남겼다고 한다. 그러나 손권이 이 말을 한 시기에 대해서는 논란이 있다.

한편 유비가 익주를 평정했다는 소식을 들은 손권은 배신감을 느낀다. 일전에 주유가 익주를 침공할 것을 계획했을 때, 유비는 유장이 종친이라는 이유로 공격에 반대하면서 군을 지원하지 않았던 것이다. 그래 놓고 오히려 익주를 꿀꺽 먹어버리자 손권은 속았다는 생각을 하게 된다.

손권은 유비에게 형주를 빌려준 것이었기에 제갈량의 친형이었던 제갈근을 사자로 보내 형주의 여러 군을 돌려달라고 요구한다. 제갈량과 제갈근, 두 형제는 서로를 만날 때면 공적으로만 대했고 사사로이 따로 만나는 일은 없었다고 한다.

유비는 손권으로부터 형주를 반환하라는 요청을 듣자 "양주를 차지한 다음에 곧바로 형주를 돌려주겠다." 라고 말한다. 돌아온 제갈근으로부터 이런 답신을 전해 들은 손권은 유비가 공허한 말로 시간만 끈다며 화를 낸다.

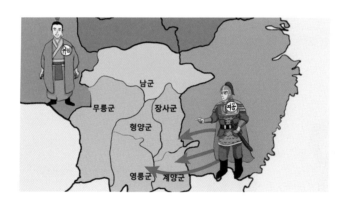

이때를 기점으로 손권은 유비에게 적대적인 태도를 취하게 된다. 손권은 여몽에게 군사 2만을 줘서 형주의 영릉군, 계양군, 장사군을 공격하라 명하고 노숙에게도 군사 1만을 줘서 관우와 대치하도록 한다.

이때 형주를 지키고 있던 관우는 이전에 화살을 맞았던 왼팔이 흐리거나 비오는 날만 되면 아팠다고 한다.

관우가 팔을 의원에게 보이니 의원은 "화살에 묻은 독이 뼛속에 들어가 팔을 가르고 뼈를 깎아 독을 제거해야 한다."라고 말한다. 관우는 의원에게 치료를 맡겼는데 뼈를 깎아내는 고통 속에서도 고기를 구워먹으며 담소를 나눴다고 한다.

노숙은 본래 관우와 인접해 있는 경계 지역에서 분쟁이 일어나도 항상 우호적으로 관우를 대했다고 한다. 하지만 유비가 익주를 차지하고도 형주를 돌려주지 않자 노숙은 관우와 단 둘이 만나 "형주를 우리 군주께서 빌려준 것은 그대들이 전쟁에서 패해 의지할 곳이 없었기 때문인데 오늘날 익주를 얻었으면서도 형주를 반환하라는 요청에 따르지 않고 있소."라고 질책한다.

그러자 노숙의 질책을 들은 관우는 "나의 주군 유비께서 적벽에서 싸울 때도, 주무실 때도 갑옷을 풀지 않으셨으며, 손권과 협력하여 조조를 격파했는데 어찌

땅을 내어주어 우리가 고생한 것을 무로 돌리는 행동을 할 수 있겠느냐?"라면서 반박한다.

관우의 반박을 들은 노숙이 "그대의 말은 옳지 않소. 본래 장판에서 유비 장군을 살펴봤을 때 그가 가진 병력은 한 부대도 되지 않았고, 전의와 기세도 무너져 도망가 숨을 생각뿐이었소. 그러나 우리 주

군이신 손권께서 불쌍히 여기시어 토지와 힘을 보태길 아끼지 않으셨소. 헌데 유비는 은의에 등 돌리고 호의를 저버렸소. 지금 이미 익주를 차지했음에도 불구하고 형주까지 차지하려 하다니 어찌 군주란 자가 할 일이겠소?"라고 다시 말하자 관우는 노숙의 말에 제대로 답하지 못했다고 한다.

　여몽이 형주를 공격해오자 계양군과 장사군은 손권군에게 항복해버리고, 영릉태수 학보(郝普)만이 항복하기를 거부하며 성을 지킨다.

　형주가 공격받았다는 소식을 들은 유비는 5만의 군을 이끌고 관우를 지원하여 노숙을 공격하려 한다. 유비군의 이러한 움직임을 포착하자 손권은 여몽에게 영릉을 포기하고 노숙을 도우라는 편지를 보낸다.

　　노숙은 마지막 수단으로 학보의 옛 친구를 사신으로 보내 유비가 한중에서 하후연에게 포위됐고 관우마저 손권에게 패했다는 거짓 정보를 전한다.

　　친구의 말을 믿고 전세가 이미 기울었다고 판단한 학보는 성을 나와 여몽에게 항복했는데, 여몽이 그에게 영릉을 포기하라는 손권의 편지를 보여주고 손을 치며 웃자 학보는 땅속으로 숨고 싶어 했다고 한다.

　한편 서쪽에서는 기성에서 마초를 격파해 달아나게 한 하후연과 장합이 기세를 몰아 오랜 골칫거리였던 한수를 공격한다.

　든든한 아군이었던 마초가 사라진 뒤 70세 고령이 되어 있던 한수는 단 한 번의 전투로 격파되고, 간신히 목숨만 건진 채 도망가지만 그로부터 얼마 지나지 않아 세상을 뜬다.

한수를 무찌른 하후연은 뒤이어 양주 변두리 지역에서 왕 노릇을 하고 있었던 송건(宋建)을 공격한다.

송건이 다스리고 있던 지역은 워낙 변방이었기 때문에 무 관심 속에 방치되어 30년 동안이나 그가 왕 노릇을 할 수 있 었다. 그러나 하후연에게 불과 한 달을 버틴 뒤 송건은 사로 잡혀 참수당한다. 이렇게 조조는 양주까지 평정한다.

　214년, 조조는 복황후가 아버지 복완에게 편지를 보내 자신을 해하려 했던 것을 잊지 않고 화흠을 보내 복황후를 체포하게 한다. 조조가 사람을 보냈다는 것을 알게 된 복황후는 죽지 않으려고 벽 속에 숨지만 화흠에게 발각되어 끌려나온다.

　복황후는 죽기 전에 황제의 손을 잡으며 "다시 살아서 볼 수 있을지 모르겠습니다."라며 말했는데 그런 부인에게 헌제는 "나 또한 언제 죽을지 모른다."라고 답했다 한다.

　　조조는 복황후뿐만 아니라 그녀가 낳은 두 아들까지 짐독
(鴆毒)으로 죽인 뒤, 자신의 둘째 딸인 조절(曹節)을 새로운 황
후로 세움으로써 헌제의 장인이 된다.

짐독은 고대에 존재했다고 전해지는 짐새라는 맹독성 조류에서 추출한 독이다. 이 짐새는 오늘날에는 찾아볼 수 없기 때문에 실존했었는지의 여부에 대해 증명할 수는 없지만 중국의 사서에서 여러 번 등장한다.

215년 3월, 조조는 직접 군을 이끌고 한중을 침공한다.

장로는 동생 장위(張衛)에게 수만의 군을 줘서 수비를 맡겼는데, 장위는 험한 지형을 이용해 나름 선전했지만 야생 사슴 무리에 놀라 진영이 무너졌다고 한다. 그리고 결국 조조군에게 패해 도망친다.

사실 장로는 애초부터 조조를 이길 수 없다고 생각했지만 그의 가신으로 있던 염포(閻圃)가 "싸우지도 않고 항복하면 멸시를 당할 것이고 강하게 저항한 후에 항복하면 오히려 대접받을 것입니다."라는 조언을 듣고 일부러 항복 시기를 늦춘 것이었다. 그리고 염포의 말대로 장로가 버티다가 항복하자 조조는 장로를 예를 다해 대우했다고 한다.

조조가 한중을 차지한 후, 사마의는 유장의 세력이 아직 완전히 유비에게 복종하지 않은 틈을 노려 곧바로 유비를 공격해야 한다고 간청하지만 조조는 사마의의 말을 듣지 않고 업으로 돌아간다.

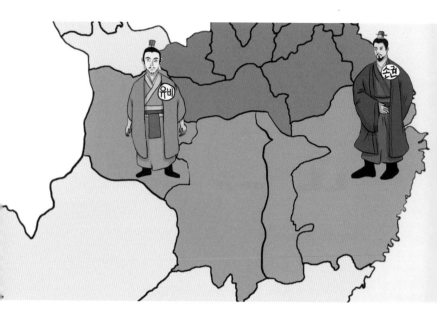

  조조가 한중으로 진군함과 동시에 합비에서 손권을 압박
해오자 위기감을 느낀 유비와 손권은 본격적인 전투가 벌어
지기 전에 협정을 맺고 형주를 동서로 분할한다.

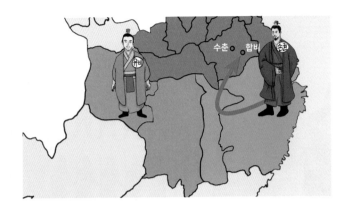

　215년 8월, 형주의 일부를 돌려받은 손권은 본래 유비와 일전을 벌이기 위해 동원했던 10만의 대군을 그대로 합비 쪽으로 돌려 조조를 공격한다.

　합비는 수춘과 중원으로 진출하기 위해 반드시 거쳐야 하는 요충지였다. 때문에 손권은 적벽대전이 끝난 직후였던 209년에도 합비를 공격했다가 지원군이 몰려오고 있다는 거짓 편지에 속아 군을 돌린 적이 있었다.

　손권이 합비를 공격할 때 합비는 장료가 악진, 이전과 함께 고작 7,000명의 군사로 손권의 10만 대군을 막아야 하는 상황이었다.

　일전에 조조는 한중으로 떠나기 전에 합비를 지키는 셋에게 "손권이 공격하면 장료와 이전은 성 밖에서 싸우고 악진은 성을 수비하라."라는 지령을 내리고 떠났다고 한다.

　악진과 이전은 장료에게 불만을 갖고 있었는데, 그 이유는 장료가 여포의 휘하에 있다가 항복한 항장 출신인데 본인들과 어깨를 나란히 한다는 것 때문이었다.

　특히나 이전의 경우, 자신의 숙부 이건*이 여포에 의해 죽임을 당했기 때문에 과거에 여포의 부장이었던 장료와는 불편한 사이일 수밖에 없었다.

---

*　이건(李乾): 조조의 부하이자 이전의 숙부. 조조를 따라 일찍부터 황건적을 무찔렀고 이후 원술을 공격할 때, 서주의 여포를 공격할 때도 함께했다고 한다. 조조가 서주를 공격하는 사이 여포가 비어 있는 연주를 차지하자, 조조는 연주의 호족들을 달래기 위해 이건을 파견했다. 이때, 이건이 찾아간 현에 있던 여포의 부하 이봉과 설란이 이건을 회유하려다 실패하자 둘의 손에 죽임을 당했다고 한다.

　장료는 악진과 이전이 공격을 망설이자 "성안에서 먼 곳에 있는 구원병만을 기다리고 있다가는 우리가 패할 것이 분명하다. 그러니 사사로운 원한에 얽매이지 않고 조조공의 명령대로 적이 집결하기 전에 적군을 공격해야만 승기를 잡을 수 있다."라고 말한다.

　장료의 말을 들은 이전은 장료에 대한 원한을 버리고 "이것은 국가의 큰일이오. 당신의 계책이 옳은지 틀린지를 볼 뿐이지 내가 어떻게 사사로운 원한으로 공의를 돌아보지 않겠소!"라고 답한 뒤 공격에 나섰다고 한다.

　악진과 이전을 설득하는 데에 성공한 장료는 800명의 병사를 선별하여 소를 잡아 먹이고 다음 날 동틀 무렵에 손권의 10만 대군을 향해 돌격해 적진을 박살낸다.

　장료는 자신의 이름을 크게 외치면서 홀로 수십 명을 죽이고 두 명의 장수를 베면서 전진하여 손권이 있는 곳까지 다다른다.

　무서운 기세로 돌격해온 장료에 크게 당황한 손권은 높은 무덤 위에 올라 장극(長戟)을 들고 스스로를 방어하게 되는 절체절명의 위기에 빠진다. 장료는 그런 손권을 향해 욕설을 내뱉으며 내려와 싸우자고 했지만 손권은 장료의 기세가 두려워 감히 움직이지 못했다고 한다.

　얼마 후 장료와 그의 병사들은 손권의 군사들에게 여러 겹으로 포위되어 공격을 받고, 어쩔 수 없이 장료는 포위를 뚫고 성으로 돌아간다. 하지만 아직 포위를 벗어나지 못한 병사들이 구해줄 것을 청하자 다시 포위망 속으로 뛰어들어 그들마저 구해내어 돌아갔다고 한다.

　장료의 눈부신 활약으로 기세가 꺾인 손권은 이후 10일 동안 합비를 공격하지만 함락시키지 못하고 결국 군을 돌려 퇴각한다.

　이때, 장료는 퇴각하는 손권을 또다시 공격해서 거의 손권을 사로잡을 뻔하지만 감녕과 능통이 죽을 각오로 싸우며 손권을 호위한 덕분에 손권은 무사히 탈출할 수 있었다.

합비에서의 공방전이 끝난 후, 장료는 항복한 오나라 장수들에게 "아까 보니 자줏빛 수염을 한 활 잘 쏘는 장군이 있던데 그게 누구냐?"라고 묻자 항복한 장수들은 손권이라고 답한다.

이 대답을 들은 장료와 악진은 곧장 말을 달려 추격하지만 손권은 이미 달아난 뒤였다고 한다.

이듬해 조조는 합비에 도착해 장료가 싸운 곳을 돌아보면서 그의 활약상을 듣고 장료를 매우 장하게 여겨 정동장군(征東將軍)에 임명한다.

또한 장료의 명성은 합비에서의 대활약으로 인해 강동에 퍼졌고, 아이가 울음을 그치지 않을 때마다 부모들이 "료라이(遼來, 장료가 온다)!"라며 겁을 줬다 한다.

손권은 합비에서 참패를 당했지만 부하장수였던 하제*의 활약으로 오랜 골칫거리였던 오나라 내부의 반란 세력을 평정하는 데 성공한다. 그리고 이때 또 한 명의 인물이 등장하는데, 바로 오나라의 영웅 육손이다.

육손은 하제를 도와 반란을 평정하면서 1만 명에 가까운 병사를 새롭게 오나라의 군대로 편입한다.

---

* 하제(賀齊): 오나라의 장수. 손책이 회계의 왕랑을 평정할 때 천거되어 손책의 휘하에서 활약했다. 손책이 죽은 뒤, 손권의 휘하에서 단양(丹陽), 이(黟), 흡(歙) 등을 평정했다. 이후, 이와 흡의 불복종자들이 반란을 일으키자 다시 이를 격파했다. 예장에서 반란이 일어나자 이를 진압했으며, 파양(鄱陽)을 비롯한 능양(陵陽), 시안(始安), 경현(涇縣)이 반란을 일으키자 이 역시 육손과 함께 평정했다. 이후, 오나라로 쳐들어온 위나라의 군대를 막은 공로를 인정받아 후장군(後將軍)과 서주목(徐州牧)에 임명되었다.

한편 조조는 위공에 오른 지 3년 만인 216년 4월, 마침내 황제 바로 아래 지위인 위왕(魏王)에 오르며 위나라를 건국하고, 종요를 2인자인 상국(相國)으로 삼는다.

유수구

위왕이 된 조조는 다시 유수구를 공격해 손권과 맞붙는다. 하지만 이번에도 쉽사리 승부를 내지 못하자 217년에 손권이 먼저 조조에게 사자를 보내 화평을 제안한다. 결국 조조는 손권의 화친 제안을 받아들이고 군을 퇴각시킨다.

217년 12월, 유비와 손권 사이에서 완충재 역할을 하던 노숙이 46세의 나이로 사망한다.

노숙이 죽자 손권은 그를 애도하기 위해 장례식에 참여했고 제갈량 또한 그를 애도했다고 한다.

《오서》에 따르면 노숙은 사람됨이 근엄하고 다른 이들의 배나 되는 총명함을 갖고 있어 주유 이후의 세

대에서는 노숙이 오나라에서 제일가는 인물이었다고 한다.

친유비파였던 노숙이 세상을 떠나자 강경파였던 여몽이 그의 후계자가 되었고, 이에 따라 유비와 손권의 사이는 급속도로 냉각되기 시작한다.

15장

한중왕 유비,
관우의 죽음

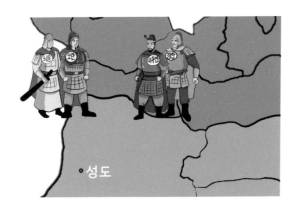

성도

217년, 유비는 하우연과 장합이 지키고 있었던 한중을 공격하기 위해 오란*과 뇌동**을 파견한다. 이에 맞서 조조는 조

---

* 오란(吳蘭): 유비를 섬겼던 촉의 장수. 유비의 명령을 받아 장비, 마초와 더불어 하변에 주둔하는 것으로 정사에 처음 등장한다. 조조은 장비가 자신의 뒤로 공격해오자 이를 역이용, 군대가 줄어든 오란의 군을 격파한다. 이후, 장비와 마초가 한중으로 후퇴한 뒤에도 남아서 싸우다가 죽어 조조에게 목이 보내졌다. 《삼국지연의》에서는 유장의 부하로 등장하여 유비에게 항복하는데, 이후 정사와 마찬가지로 마초의 부장이 되어 하변에서 싸우다가 패배한 뒤에 한중에서 마초와 더불어 조조를 추격하던 중에 조조의 아들 조창에게 죽임을 당하는 것으로 그려진다.

** 뇌동(雷銅): 유비를 섬겼던 촉의 장수. 오란과 마찬가지로 유비의 명을 받아 한중 침공에 앞선 전투였던 하변에서 조홍에게 패하고 전사했다. 《삼국지연의》에서는 오란과 마찬가지로 유장의 부하였다가 유비에게 항복하고, 이후 장비의 부장으로 파서(巴西)에서 장합을 상대하던 중 전사하는 것으로 그려진다.

홍과 조휴*에게 5만의 군을 주어 촉군을 막게 하는데, 조홍과 조휴는 하변(下辯)에서 오란과 뇌동군을 격파한다.

　장비와 마초는 조조가 군사를 보냈다는 소식을 듣고 오란과 뇌동을 구원하기 위해 출격하지만 그들이 이미 졌다는 소식을 듣자 군을 되돌린다.

　조조는 유비가 한중을 노리고 있다는 것이 분명해지자 9월

---

* 조휴(曹休): 위나라의 황족이자 장수. 조조의 친척 조카. 기록에 따르면 조휴는 전란으로 10대에 아버지를 여의고 조부가 태수를 지냈던 오군으로 이주했다고 한다. 이후, 조조가 거병하자 이름을 바꾼 뒤에 북으로 올라가 조조를 만났다. 조조는 "너는 우리 집안의 천리마다."라 말하고 아들 조비와 함께 지내도록 하며 친아들처럼 아꼈다고 한다. 이름을 바꾸기 전 이름에 대해서는 기록이 없다.

에 직접 군을 이끌고 장안으로 출진하여 유비를 견제한다.

이 시기에 조조는 이미 30년이라는 시간 동안 전장을 누빈 적지 않은 나이였지만 그럼에도 불구하고 거의 매해 직접 군을 이끌고 출진하고 있었다.

그러다 보니 조조가 자리를 비운 틈을 노려 반란이 일어나곤 했는데 이때도 예외는 아니었다. 허도에서는 헌제를 옹립하려는 무리들이 쿠데타를 일으켰고, 북쪽에서는 오환족과 선비족이 대규모 반란을 일으킨다.

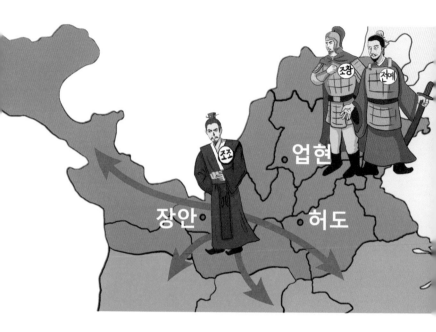

업현

장안　　　　허도

　허도에서의 쿠데타 시도는 초기에 진압되고, 오환족은 조조가 파견한 조조의 넷째아들 조창과 전예(田豫)에 의해 진압된다. 전예는 유비가 공손찬에게 의탁했을 때부터 유비를 찾아서 섬겼던 인물이었지만 이후, 노모를 모시기 위해 어쩔 수 없이 유비와 헤어지고 당시에는 조조의 섬기고 있었다.

조창은 도망가는 오환족을 맹렬히 추격해서 수천의 오환족을 죽이거나 포로로 잡는다. 이런 조창의 활약을 보게 된 선비족의 수령 가비능*은 오환족과 연합하는 대신 조조에게 귀순해버린다.

***

* 가비능(軻比能): 후한 말~삼국시대 때 선비족의 왕. 조조가 이민족들에게 회유책을 쓸 때 이에 넘어가지 않고 반기를 들었다고 한다. 이후, 조조에게 항복했다가 다시 위나라에 반기를 들지만 패하여 항복했다. 《삼국지연의》에서는 조비의 명령에 따라 촉나라를 공격했을 때, 이민족이 매우 두려워하던 마초가 촉의 방어군으로 나오자 싸우지도 않고 항복한 것으로 그려진다. 그러나 정사에는 이러한 기록이 전혀 없다.

219년에 유비는 다시 한 번 한중을 공격하고, 조조 역시 이에 맞서 직접 출진한다. 이때, 하후연은 유비군에 비해 병력이 열세였던 장합을 지원하기 위해 자신이 데리고 있던 병력의 반을 떼어 구원병으로 보내주었는데, 유비군의 황충은 오히려 이를 기회로 삼아 하후연을 공격한다.

황충의 판단은 제대로 들어맞아 하후연에게 승리를 거두었을 뿐만 아니라 그를 죽이는 데까지 성공한다. 하후연은 위나라에서 큰 활약을 펼쳐온 서부의 사령관이자 조조의 맹장이었기 때문에 황충이 하후연을 죽인 일은 엄청난 공적이었다.

황충이 하후연이라는 거물급 적장을 꺾을 수 있었던 데에는 황충의 활약뿐만 아니라 적의 약점을 파악해 공격을 조언한 법정*의 공 또한 매우 컸다.

---

* 법정(法正): 본래 유장을 섬기고 있었으나 그리 중용 받지 못했다. 친구 장송과 더불어 주군으로 섬기던 유장의 역량에 대해 불만이 많았다고 한다. 장송이 조조에게 푸대접을 받고 돌아오자, 장송과 함께 익주를 유비에게 넘겨줄 계획을 모의해 유비가 익주에 온 뒤부터 그를 도왔다. 유장이 유비에게 항복한 뒤, 촉군태수가 되었으며, 양무장군(揚武將軍)을 겸했다. 이후, 유비를 설득해 한중을 공격하도록 했으며, 한중을 정복하고 하후연을 죽이는 등 큰 공을 세웠다. 그러나 일각에서는 법정이 하후연을 죽인 업적은 그 아래 있던 황권의 계략이었다는 말도 있다. 법정이 죽자 유비는 크게 슬퍼했으며, 이후 관우의 복수를 하고자 오로 진군하는 유비를 보며 제갈량은 법정이 살아있었다면 주군을 막을 수 있었을 것이라며 한탄했다고 한다.

조조는 하후연이 패했다는 소식을 듣자 "유비 혼자서 이 같은 일을 했을 리 없으니 필시 남의 가르침을 받았을 것이다."라고 말했다고 한다. 때문에 유비는 황충을 도와 하후연의 목을 베는 데에 큰 공을 세운 법정을 매우 아꼈다.

유비가 법정을 아낀 것과 관련된 일화가 있다. 한번은 유비가 화살 맞는 것을 두려워하지 않고 계속 전장에 남아 있자 법정이 유비를 설득하기 위해 유비 앞에 섰다. 그러자 유비는 자신보다도 법정이 화살에 맞을 것을 걱정하여 함께 퇴각했다고 한다.

황충이 법정과 함께 하후연을 죽이자, 승산이 없다고 판단한 장합은 패잔병을 이끌고 한중에서 도망친다.

평소 장합에게 두려움을 느끼고 있던 유비는 장합을 놓치자 "응당 장합을 잡았어야지, 하후연은 잡아서 무엇을 하겠느냐?"라면서 안타까워했다고 한다.

하후연의 죽음을 듣게 된 조조는 직접 군을 이끌고 한중을 탈환하기 위한 맹공을 시작한다. 하지만 유비는 수비를 견고히 하고 지공을 펼치며 조조의 병력을 깎아먹는 전략을 사용했고, 결국 조조는 한중에서 철수할 것을 고민하게 된다.

이때 조조는 혼잣말로 "한중이 먹음직스럽지만 실제로는 먹을 게 없다."는 의미로 닭의 갈비뼈 부위인

'계륵'을 말한다. 조조는 홀로 상념에 빠져 중얼거린 말이었는데, 이 혼잣말을 들은 신하들 중 오직 양수(楊脩)만이 조조가 한중에서 철수하는 쪽으로 마음이 기울었다는 것을 깨달았다고 한다.

당시 조조의 아들들인 조비와 조식은 치열한 후계자 경쟁을 벌이고 있었다. 조비를 지지하는 대표적인 이들은 사마의와 가후였으며, 조식을 지지하던 대표적인 이들은 양수와 정의(丁儀)였다.

양수는 두뇌회전이 매우 빨라서 어렸을 때부터 천재적인 재능을 자주 보여줬던 인물이다. 한번은 조조가 아무 말 없이 정원의 문에 살 활(活)자를 쓰고 돌아간 적이 있었는데 아무도 이 의미를 파악하지 못했다. 하지만 양수가 나서서 문에다 활을 쓰면 넓을 활(闊)자가 된다는 것을 알아차리고 정원의 규모가 너무 크다는 사실을 정원사에게 알려준다.

    정원사들이 양수의 말대로 정원을 아담하게 다시 꾸몄더
니 조조는 매우 만족했다고 한다. 조조는 후계자를 정하기
위해 아들들을 시험하곤 했는데, 조식이 유독 뛰어난 재능을
보인 탓에 진지하게 첫째인 조비가 아닌 조식을 정식으로 후
계자로 삼을 생각을 했다고 한다.

특히나 조식은 조조가 질문을 할 때마다 항상 청산유수처럼 답변을 내놓아서 크게 총애를 받았는데, 사실 이는 조조가 물어올 예상 질문을 양수가 미리 준비해서 조식에게 알려준 것이었다.

양수는 뛰어난 재능을 가졌지만 겸손을 모르고 자신의 재능만을 믿고 설쳤기 때문에 조조는 시간이 흐를수록 속으로 양수를 의심하고 미워했다.

계륵을 중얼거린 조조의 심중을 알아챈 양수는 자신이 간파한 것을 주변에 알리며 철수할 준비를 하게 한다. 그러자 이를 알게 된 조조는 결국 참던 것이 폭발하여 양수가 군의 사기를 동요시켰다는 이유로 그를 처형한다.

조식은 양수라는 날개를 잃게 되자 후계자 싸움에서 크게 밀리게 된다. 그러나 양수가 죽은 것 외에도 후계자 선정에서 마이너스가 되는 큰 요인이 있었는데, 그건 바로 조식이 술만 마시면 개가 된다는 것이었다.

조식은 음주 문제로 여러 번 사고를 치면서 점차 조조의 눈 밖에 나게 된다. 반면에 조비는 가후의 도움을 받으며 후계자 경쟁에서 앞서나간다.

한번은 조비가 가후에게 어떻게 하면 아버지의 마음에 들 수 있는지를 묻자 가후는 "바라건대 장군께서는 인덕과 관용을 발휘하고 숭상하여 평범한 선비의 업을 행하고, 아침

부터 저녁까지 바쁘게 하여 아들의 도리를 그르치지 않으면 됩니다."라고 조언한다. 가후의 이 말은 쉽게 말해 "사고치지 말고 평소에 바른 모습을 보이라."라는 의미였다.

　조조는 또한 가후에게 조비와 조식 중 누구를 후계자로 삼
을지 물어본 적이 있었는데, 가후는 바로 답하지 않고 곰곰
이 생각하는 모습을 보인다. 이에 조조가 왜 대답을 안 하는
지를 묻자 가후는 "원소와 유표를 생각하고 있었습니다."라
고 돌려서 답한다.

　이는 원소와 유표가 모두 장남을 후계자로 정하지 않음으
로써 멸망을 초래하게 된 것이나 마찬가지였던 것을 암시한
말이었다. 조조는 가후와의 대화를 통해 마음을 정하게 되고,
마침내 조비를 태자로 책봉한다.

계륵 사건 이후, 조조는 결국 한중에서 철수한다. 그리고 철수하는 과정에서 한중 주민 대부분을 위나라로 이주시킨다.

조조가 철수함으로써 한중을 완전히 손에 넣게 된 유비는 스스로 한중왕 (漢中王)에 오르고 아들 유선을 태자로 삼는다. 한나라를 세웠던 유방 또한 한

중왕에서 황제가 된 인물이었기 때문에 유비는 한중왕에 오름으로써 천하를 재패하겠다는 뜻을 드러낸 것과 같았다.

조조로부터 한중을 빼앗은 유비는 관중지역과 장안까지 위협하고 있었기 때문에 조조는 업으로 돌아가지 않고 계속 장안에 남아 유비를 견제한다.

한중왕에 오른 유비는 한중에서 멈추지 않고 자신의 양자였던 유봉*을 맹달**과 함께 형주의 북서로 보내어 그 일대를

---

* 유봉(劉封): 본래 구(寇)씨였으나 유비의 양자가 되어 유봉이 되었다. 유비가 신야에 머물 당시, 아직 후사를 이을 아들이 없던 때에 입양되었으나 얼마 후 친아들 유선이 태어났다. 무예가 뛰어났으며, 유비가 유장의 익주를 정벌할 당시 20대의 나이로 제갈량, 장비와 더불어 여러 군공을 세웠다.

** 맹달(孟達): 본래 촉에서 법정과 더불어 유장을 섬겼다. 장송, 법정과 마찬가지로 유비의 입촉(入蜀)을 도왔으며, 유비가 유장으로부터 항복을 받아낸 뒤 의도군(宜都郡) 태수가 되었다. 유비의 명에 따라 유봉과 더불어 상용의 태수였던 신탐(申耽), 신의(申儀)로부터 항복을 받아냈다. 관우가 번성을 포위하고 유봉, 맹달에게 도움을 요청했으나 맹달은 이를 거절했으며, 결국 관우가 죽자 유봉과의 불화와 유비의 보복에 대한 두려움에 위나라로 달아났다.

차지하는 데에도 성공한다. 하지만 유봉과 맹달은 평소에 사이가 좋지 않아 서로 다투는 일이 많았다고 한다.

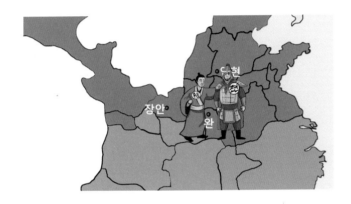

유비가 급격하게 세력을 팽창하면서 위나라를 압박하자 이 틈을 노려 형주의 후음(侯音)이라는 인물이 조인에게 불만을 품고 완에서 백성들을 선동해 반란을 일으킨다.

후음은 남양태수였던 동리곤(東里袞)을 사로잡은 뒤 형주를 지키고 있었던 관우에게 도움을 요청한다.

　후음은 관우가 도착하기 전에 조인의 공격을 받아 죽어버리지만 관우는 화음이 죽었음에도 군을 돌리지 않고 그대로 조인이 지키고 있던 양양과 번성을 공격한다.

　조인은 관우에 맞서 용감히 싸우지만 점점 수세에 몰리고, 이에 조조는 조인을 도울 원군으로 당시 위나라 최고의 장수라 평가받던 우금과 방덕(龐德)을 파견한다.

　방덕은 본래 마등과 마초를 따랐던 장수였으나 마초가 한중에 있다가 홀로 유비에게 항복해버린 탓에 장로와 더불어 조조에게 투항한 인물이다.

방덕은 항상 백마를 타면서 무시무시한 무력으로 적군을 공격해 백마장군이라는 별명도 갖고 있었는데 특히나 활을 잘 쐈다고 한다.

조조가 원군으로 방덕을 파견하려하자 많은 장수들이 '방덕의 형과 마초가 유비 진영에 있다'는 것을 지적하며 방덕을 의심한다. 그러자 방덕은 "나는 조조님으로부터 국은을 입은 몸이니 죽음으로 의를 다하겠소. 만약 올해 안에 내가 관우를 죽이지 못하면 관우의 손에 죽겠소."라고 말하면서 전장으로 향했다고 한다.

얼마 후, 전장에서 관우를 만난 방덕은 활을 쏴 관우의 이마를 맞추지만 관우는 죽지 않고 공세를 이어갔다고 한다.

　우금과 방덕이 번성에 도착한 그때, 10여 일 동안 큰 장
맛비가 내려 한수라는 이름의 강을 끼고 있던 번성 주변은
10미터가 넘는 물에 잠겨 고립된다. 이때 관우는 수전을 대
비하여 수백 척의 선단을 미리 준비했던 반면 우금은 배를
준비하지 못한 상태였다.

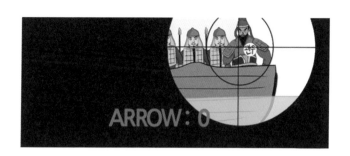

생각지도 못한 자연재해로 관우군에 맞설 방법이 없어진 우금은 3만 명의 군사들과 제대로 싸워보지도 못한 채 관우에게 굴욕적인 항복을 한다.

명궁이었던 방덕은 홀로 물에 잠기지 않은 제방에 올라가 활을 쏘며 분전했지만 화살이 다 떨어지자 별 수 없이 관우에게 사로잡힌다.

방덕을 아깝게 여겼던 관우는 그에게 투항할 뜻이 있는지를 물어보지만 방덕은 "적의 장수가 되느니 나라를 위해 귀신이 되겠다."라면서 관우의 제안을 거절한다. 결국 방덕은 관우의 손에 처형된다.

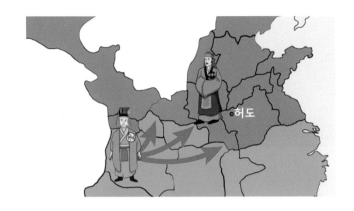

   이처럼 위나라를 상대로 연승을 거둔 유비의 기세가 치솟
았던 반면 조조는 유비가 공격할 것을 걱정해 도읍을 옮기는
걸 고려했을 정도로 큰 위기에 빠지게 된다. 하지만 기세등
등하던 유비에게도 곧 위기가 찾아오는데 그 기폭제는 바로
사마의였다.

근심에 빠져있는
조조를 찾아간 사마
의는 "만약 천도한
다면 적에게 약함을
보일 것이고 국경
인근 백성들이 크게

불안해할 것입니다. 손권과 유비가 겉으로는 친한 척을 하고 있지만 사실 속으로는 소원하니, 손권은 분명 관우가 뜻을 이루는 것을 반기지 않고 있을 것입니다. 손권이 해야 할 바를 깨우쳐주어 그로 하여금 관우의 배후를 협공하거나 견제하게 만들면 번성의 포위는 저절로 풀릴 것입니다."라고 진언한다.

조조는 사마의의 말이 옳다 여기고 손권에게 사신을 보내 유비를 치도록 설득한다.

손권은 218년 즈음에 자기 아들과 관우의 딸을 혼인시킴으로써 관우와의 사이를 돈독히 하려고 했던 적이 있었는데, 이때 관우는 사신에게 모욕적인 발언을 하면서 손권의 제안을 거절했다.

    혼인 제안을 거절했던 일을 논외로 치더라도 관우는 시종
일관 손권에게 거만하고 고압적인 태도를 유지했다고 한다.
이런 이유들 때문에 사실 손권은 겉으로는 관우의 비위를 맞
춰주면서도 속으로는 이를 갈고 있었다.

　이런 와중에 때마침 조조가 손권에게 유비를 칠 것을 제안한 것이다. 조조의 제안을 받은 손권은 기다렸다는 듯 즉시 행동에 나선다.

　한편 관우는 우금을 상대로는 대승을 거두었지만 여전히 조인과 만총(滿寵)이 버티고 있는 번성은 함락시키지 못하고 있는 상태였다.

고문 전문가

　조인과 더불어 번성을 지키고 있던 만총은 철저하게 법도에 따라 행동하는, 다소 융통성 없는 인물이었다. 특히나 죄인을 엄중히 심문하는 것으로 유명했는데, 조조는 만총의 이 부분을 매우 마음에 들어 하여 그를 크게 신임하고 있었다.

　　조인과 만총은 서황이 이끄는 지원군이 도착할 때까지 관우로부터 번성을 지켜내는 데에 성공한다. 반면에 관우 역시 유봉과 맹달에게 원군을 요청하지만 마찰이 있었던 유봉과 맹달은 서로 다투다 관우의 요청에 응하지 않는다.

    손권의 명으로 관우를 치러나선 여몽은 번성을 함락시키
지도 못하고, 원군을 받지도 못하고 있던 관우에게 일부러
자신이 병이 걸렸다는 헛소문을 퍼뜨린다. 그리고 당시 상대
적으로 덜 알려져 있던 육손을 후임으로 내세워 관우가 방심
하도록 만든다.

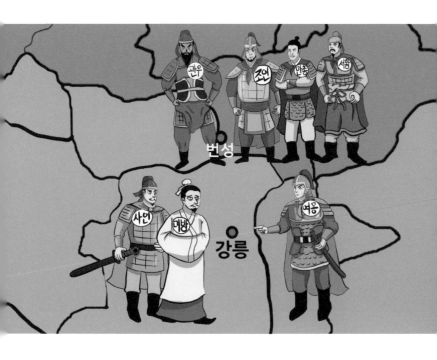

　여몽의 계책은 그대로 들어맞아 관우는 손권군이 위험하지 않다고 방심하여 남군을 지키고 있던 병력을 번성을 치는 쪽으로 이동시킨다. 그러나 관우는 계속 번성을 함락하지 못한 채 시간을 지체하게 되고, 마침내 여몽은 군을 이끌고 남군을 공격한다.

　당시 관우의 근거지였던 강릉과 공안(公安)은 남군태수였

던 미방*과 사인**이 지키고 있었는데 관우는 이들이 적극적으로 자신을 지원하지 않는다는 이유를 들어 질책했다. 그리고 이 일로 인해 미방과 사인, 두 사람은 관우를 원망하게 된다.

---

* 미방(糜芳): 형 미축과 더불어 일찍이 유비의 서주 시절부터 그를 따랐다. 훗날 남군태수가 되어 관우와 함께 형주를 다스렸으나 관우가 번성을 치러 갔을 때, 제대로 물자를 공급해주지 않았단 이유로 관우가 처벌하겠다고 하자 사이가 틀어졌다. 관우의 처벌을 두려워하던 차에 손권의 꼬임에 넘어간 사인과 더불어 오나라에 항복했다. 미방과 사인의 항복으로 인해 유비는 지배하던 형주 전역을 상실했고, 그의 형이었던 미축은 동생이 저지른 일이 노엽고 부끄러운 나머지 병이 나서 죽었다 한다.

** 사인(士仁): 남군태수 미방과 더불어 관우의 아래에서 일하며 공안을 다스렸다. 그러나 관우와는 사이가 별로 좋지 않았다. 미방과 마찬가지로 관우가 번성을 공격할 때 제대로 보급을 하지 않았단 이유로 처벌하겠다고 하자 미방과 함께 오나라의 손권에게 항복했다. 《삼국지연의》에서는 부사인(傅士仁)으로 등장. 친구였던 우번의 권유를 받아 투항한 뒤에 미방까지 투항하도록 설득한다. 이후, 관우의 복수에 나선 유비가 오나라로 진군하자 이에 겁을 먹고 미방과 함께 오나라 장수의 목을 베어 다시 유비에게 항복한다. 그러나 유비는 이들을 관우의 아들인 관흥(關興)에게 넘겼고, 관흥은 두 사람의 목을 베어 관우의 영전에 바쳤다.

여몽을 보좌하고 있던 우번(虞翻)은 이런 상황을 이용하여 미방과 사인을 회유한다. 우번의 회유에 미방과 사인은 순순히 여몽에게 투항하고, 여몽은 너무나도 손쉽게 강릉과 공안을 차지하게 된다.

손쉽게 형주를 손에 넣은 여몽은 유화정책을 펼쳐 형주의 인심을 얻어내고, 끝까지 저항하던 세력들은 육손의 활약에 무너진다.

　여몽이 공격해왔다는 소식을 들은 관우는 번성의 포위를 풀고 급히 형주로 돌아가지만 이미 자신의 근거지는 빼앗긴 뒤였다. 게다가 관우의 병사들은 오랜 싸움으로 인해 지쳐 있었고, 형주에 있는 가족들로부터 여몽이 백성들을 잘 보살펴주고 있다는 소식을 듣게 되자 완전히 전의를 상실하여 대거 이탈하게 된다.

　결국 관우는 여몽의 군사로부터 달아나다 사로잡히는데, 이때 단 10여 명의 기병만이 그를 뒤따르고 있었다고 한다.

손권은 관우의 능력이 아까워 그를 처형하는 것을 망설인다. 손권이 관우를 죽이는 일을 망설이자 그의 가신들은 "이리 새끼는 기를 수 없는 법이니 훗날 반드시 해가 될 것입니다. 조조는 즉시 그를 제거하지 않아 스스로 큰 우환을 불러들여 도읍을 옮길 의논을 할 지경에 이르렀습니다. 그런데 어찌 그를 살려둔단 말입니까?"라고 간언했다. 결국 손권은 관우를 회유할 생각을 버리고 참수했다고 한다.

유비군의 든든한 한축이자 만인지적이라 불리던 관우는 이렇게 최후를 맞이한다.

이후, 죽은 관우의 머리는 조조에게 보내졌는데 조조는 옛정을 생각하여 관우의 장사를 후하게 지내주었다고 한다.

　한편 손권이 형주를 탈환하는 데 일등공신이었던 여몽 또한 병으로 사망한다. 손권은 갑작스럽게 병에 걸린 여몽을 가까이 두고 온갖 처방을 다했지만 죽음을 막을 수는 없었다.

　여몽은 자신의 뒤를 이을 후임자로 주연을 추천하고 죽었는데, 이때 비슷한 시기 낙양에서도 한 명의 인물이 세상을 뜬다. 바로 난세의 간웅 조조였다.

16장

조조의 죽음,
이릉대전

220년 1월, 낙양에서는 한 시대를 풍미했던 위나라의 왕 조조가 66세의 나이로 세상을 떠난다.

조조는 "천하가 아직 안정되지 못했으니 장례가 끝나면 모두 상복을 벗고 군을 이끄는 장수들은 주둔지를 떠나지 말라. 내 시신에는 평상복을 입히고 무덤에는 금은보화를 묻지 말라."라고 유언을 남겼다고 한다.

《위서(魏書)》에서는 조조에 대해 "사람을 알아보고 잘 살펴 속이기 어려웠고, 검소하여 화려한 것을 좋아하지 않았다. 스스로 병서 10만여 자를 지어 장수들이 정벌할 때 모두 이 병서에 따라 일을 처리하게 했다. 진을 치고 적과 대적할 때는 편안하고 한가로워 마치 싸우려 하지 않는 것 같았으나 결정적일 때에는 그 기세가 용솟음쳐 싸울 때마다 이기고 요행으로 이기는 일이 없었다.'라고 평을 남겼다.

하지만 조조에 대해 비판적으로 서술되어 있는《조만전(曹瞞傳)》에서는 조조에 대해 "조조는 그 사람됨이 경박해서 크게 기뻐할 때는 머리를 탁자에 처박아 술안주와 반찬으로 더럽혀졌다. 조조의 법은 가혹하여 여러 장수들 중 자신보다 뛰어난 계책을 내놓은 자가 있으면 법을 핑계로 죽이고 예전에 알던 사람으로 오래된 원한이 있으면 또한 모두 죽임으로써 살려두지 않았다.'고 평했다.

조조가 죽자 낙양의 가신들은 우왕좌왕한다. 그리고 이 틈에 30년 가까이 조조군에서 중추적인 역할을 하던 청주병들이 제멋대로 해체해 뿔뿔이 흩어짐으로써 혼란은 더욱 가중된다.

하지만 가규와 사마의가 나서서 혼란을 진정시키고 조조의 장례를 치르자 낙양의 기강이 다시 바로잡혔다고 한다.

조조는 죽음이 다가오자 장안을 수비하고 있던 둘째아들인 조창을 급히 부르지만 조창이 도착하기 전에 죽어버린다.

당시 조조의 정식 후계자였던 조비는 낙양에서 멀리 떨어진 업에 있었기 때문에 먼저 조조의 장례에 도착한 조창은 야심을 드러내면서 장례를 주관하던 가규에게 옥새가 어디 있는지를 물었다.

그러자 가규는 "나라에서 대를 이을 사람은 따로 있습니다."라면서 조창에게 옥새 건네기를 거부한다. 이에 조창은 조식에게 찾아가 "아버지께서 나를 부르심은 너를 왕으로 세우려고 했던 것이 아니겠느냐?"라면서 조식에게 왕의 자리에 오를 것을 부추긴다.

하지만 조식은 "형님은 원씨 형제를 보지 못했습니까?"라면서 조창의 제안을 단번에 거절한다. 그리고 얼마 후, 조비는 아버지 조조의 뒤를 이어 위왕에 오른다.

한편, 한때 위나라 장수들 중 최고라 평가 받던 우금이 위나라로 돌아온다.

우금은 관우에게 잡혀 포로로 생활하다 손권에 의해 구출됐는데, 오나라의 장수들 중 우번이 유독 우금을 괴롭혔다고 한다.

한번은 손권이 우금을 환대하면서 나들이를 나서자 우번은 우금에게 "투항한 포로 주제에 어찌 감히 우리 군주와 나란히 있

느냐?"라면서 채찍으로 우금을 때리려 했다. 이에 손권이 우번을 질책하며 말리자 우금은 눈물을 흘린다.

　손권이 우금을 위나라로 돌려보낼 것을 결정하자 우번은 "수만에 달하는 군사를 패배시키고 자신은 항복한 포로 따위는 목을 베야 한다."라고 말했다고 한다.

　이처럼 갖은 수모를 당하던 끝에 위나라로 귀환한 우금은 머리카락이 다 새어버린 흰머리의 초라한 노인 같은 몰골이었다고 한다.

　조비는 위나라로 돌아온 우금에게 "번성에서의 패배는 비가 내려 어쩔 수 없이 졌던 것이니 이는 그대의 잘못이 아니다."라면서 그를 위로한다.

  얼마 후 우금은 죽은 조조의 묘에 참배를 하러 가는데, 조조의 무덤 옆에는 관우에게 분노하는 방덕과 비굴하게 항복하는 우금의 모습이 그림으로 그려져 있었다. 이는 다름 아닌 조비가 지시한 일이었다. 그림을 본 우금은 수치스럽고 분한 마음에 병을 얻고, 얼마 지나지 않아 죽고 만다.

220년, 관우가 죽고 형주마저 손권에게 빼앗긴 유비에게는 악재가 이어진다.

생전에 관우는 번성을 공략하던 중에 유봉과 맹달에게 지원군을 요청했지만 이들은 응하지 않았다. 결과적으로 관우는 손권의 손에 사로잡혀 죽었기 때문에 유비는 유봉과 맹달을 원망하고 있었다.

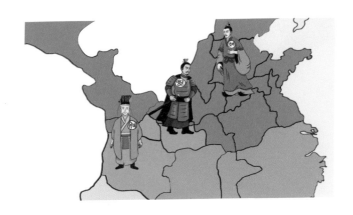

　결국 유비에게 벌 받을 것이 두려운 데다 유봉과의 불화로 불만이 쌓여 있었던 맹달은 위나라로 투항한다. 유비는 맹달이라는 유능한 인재뿐만 아니라 맹달의 투항으로 방릉(房陵), 상용, 서성(西城) 3군마저 위나라에 빼앗긴다.

　위나라의 조비는 항복해온 맹달의 재능과 아름다운 외모에 반해 그의 손을 잡고 등을 어루만지면서 "혹시 유비가 보낸 자객은 아니겠지요?"라면서 농담을 했다고 한다.

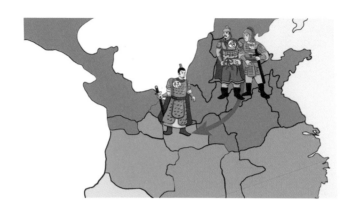

맹달의 귀순을 반긴 조비는 얼마 후 서황과 하후상(夏侯尙)
에게 공격을 명해 상용 일대에 남아 있던 유봉의 세력을 완
전히 몰아낸다. 이때 맹달은 유봉에게 자신을 따라 위나라에
투항할 것을 권했지만 유봉은 그의 말을 따르지 않았다.

결국 위나라의
군대에게 패퇴하
여 성도로 돌아
온 유봉에게 유
비는 상용을 빼
앗긴 것뿐만 아
니라 일전에 관

우를 구해주지 않은 것까지 포함해 유봉을 질책했다. 제갈량 역시 곁에서 유비가 죽고 나면 유봉은 후환이 될 수 있다고 귀띔하여 유비는 자신의 양자였던 그에게 자살을 명령한다.

유봉은 양아버지인 유비의 명령에 따라 자결하면서 맹달의 권유대로 위나라에 투항하지 않은 걸 후회했지만 이미 한참 늦은 후회였다. 그리고 유비 역시 유봉이 자결한 후에야 그를 죽인 것을 울며 후회했다고 한다.

맹달과 유봉을 잃은 뒤에도 유비의 불운은 끝나지 않았다. 유봉이 자결하고 얼마 후에 법정과 황충마저 세상을 떠난 것

이다. 특히나 법정을 매우 아꼈던 유비는 그가 죽자 며칠 동안이나 눈물을 흘렸다고 한다.

220년 10월 28일, 오랜 꼭두각시 노릇에 지친 헌제는 황제 자리를 조비에게 넘겨준다. 그리고 이로 인해 400년이라는 세월동안 이어진 한나라는 역사의 뒤편으로 사라지게 된다.

황제가 된 조비는 헌제를 산양공(山陽公)에 봉했고, 그는 조용히 남은 삶을 살다 234년에 사망한다. 하지만 조비가 황제에 오르는 과정에서 헌제를 살해했다는 거짓 소문이 퍼졌고, 이를 들은 유비는 스스로 황제의 자리에 오르며 촉한을 건국한다.

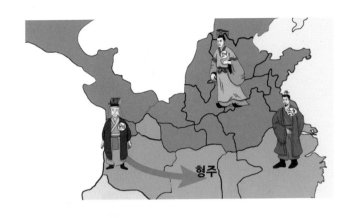

　스스로 황제가 된 유비였지만 익주만을 가지고는 조비, 손권과의 세력 다툼에서 뒤처질 수밖에 없었기 때문에 유비는 우선 형주를 되찾기로 계획을 세운다.

　유비가 손권을 공격할 계획을 세우자 조운은 "나라의 적은 조조이지 손권이 아닙니다. 먼저 위를 멸하면 오는 곧 스스로 굴복할 것입니다. 위를 놔두고 오와 먼저 싸운다면 싸움은 간단히 끝나지 않을 것입니다."라고 진언한다.

유비에게는 또한 황권*이라는 걸출한 인재가 있었는데 그는 자신이 선봉에 서서 적의 약점을 파악할 테니 유비에게는 후방에 머물라고 조언한다. 하지만 유비는 이들의 말을 듣지 않고 직접 선봉으로 나서며 출진을 강행한다.

---

* 황권(黃權): 본래 유장을 섬기며 장송 등이 유비를 익주로 들여 장로를 막자고 할 때 이를 반대했다. '유비를 촉에 들이면 익주를 빼앗길 것'이라 간언했지만 유장은 듣지 않았고, 이후에도 유장을 따라 유비에게 저항하다 유장이 항복한 뒤에야 유비에게 투항했다. 조조가 장로를 몰아내고 한중을 차지하자, 유비에게 '한중을 손에 넣지 못한다면 위태로워질 것'이라며 한중의 중요성을 진언했다. 이후, 법정과 더불어 한중 정벌에 나서 하후연을 죽이는 데에 큰 역할을 했다.

이 결정이 가장 현명한 선택이 아니었을지 모르지만 사실 유비에게는 선택의 여지가 별로 없었다. 아무래도 막강한 조비보다는 손권이 그나마 싸워볼 만한 상대라고 여겼을 것이고, 형주를 빼앗을 때의 일등공신이었던 여몽이 죽고 없었기 때문에 승산이 있다고 판단했던 것으로 보인다.

하지만 군을 진군시키기도 전에 유비에게는 또다시 악몽 같은 소식이 날아든다. 장비가 휘하 부하들의 손에 죽임을 당했다는 것이었다.

장비는 휘하의 부하들에게 유독 가혹했는데, 일찍이 이를 본 유비가 "형벌로 죽이는 것만으로도 이미 지나친 상황인데 매일 채찍질까지 하면 이는 화를 취하는 길이다."라고 장비에게 경고한 적이 있었다.

하지만 장비는 유비의 말을 귀담아 듣지 않고 자신의 부하들에게 무리한 요구를 하면서 매질을 계속한 탓에 결국 궁지에 몰린 부하들이 장비를 죽인 것이었다. 이렇게 유비는 평생을 함께 한 버팀목이었던 관우와 장비를 모두 잃게 된다.

유비가 오를 공격할 움직임을 보이자 손권은 제갈근을 보내 유비에게 화친을 제안한다. 하지만 유비는 오의 화친 제안을 거절한다. 게다가 이 틈을 노려 북쪽의 조비 또한 손권을 공격할 기회를 노린다.

　졸지에 촉과 위, 양군의 협공을 받는 궁지에 몰리게 된 손
권은 조비에게 스스로 신하가 되겠다는 뜻을 보인다. 손권이
스스로 숙이고 들어오자 조비는 공격 계획을 철회하고는 손
권을 오왕에 봉한다.

　일시적으로 머리를 조아린 덕에 잠시나마 위나라의 공격
에 대한 걱정을 없앤 오나라는 유비를 상대로 국력을 집중시
킬 수 있었다.

　　손권은 5만 병사를 지휘할 대도독으로 육손을 임명하고 한
당, 주연, 반장, 서성에게 그를 보좌하게 한다.

　유비는 직접 군을 이끌고 출진했지만 이미 오랜 세월 함께
한 백전노장이었던 관우, 장비, 황충은 이미 고인이 되었으며
조운, 위연, 황권, 제갈량은 후방을 지키기 위해 남겨져 있었
기 때문에 촉나라의 군대는 상대적으로 전투경험이 적은 장
수들이 지휘하고 있었다.

　이때 유비 군의 병력에 대한 정확한 기록은 없지만 대략
5만에서 10만 사이였을 것으로 추정된다.

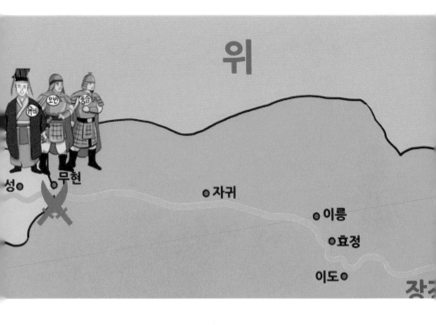

　유비 군은 선봉에 선 풍습(馮習)과 오반(嗚班)이 무현(巫縣)에서 오나라 군을 격파하면서 기선을 제압한다.

　유비 군은 기세를 늦추지 않고 장강을 따라 오나라 군을 밀어붙이고, 육손이 지휘하는 오나라 군은 이릉까지 밀리게 된다. 그리고 이릉에서 군을 재정비한 육손은 방어진을 치고 장기전에 돌입한다.

　육손은 다른 장수들로부터 유비를 공격해야 한다는 목소리가 나오자 유비의 진영이 험준한 곳에 있다는 것을 이유로 공격에 나서는 것을 허락하지 않는다.

　한번은 손권의 친척이었던 손환(孫桓)이 단독으로 군을 이끌고 유비의 선봉대를 공격하러 나섰다가 유비에게 포위된 적이 있었는데, 장수들은 손환이 손권의 동족이니 도와야한다고 외치지만 육손은 이마저도 거절했다.

육손이 웅크리고만 있자 답답함을 느낀 유비는 오반에게
수천의 병사를 주며 오나라 군대를 도발하게 한다. 그러나
육손은 유비군의 이런 행동 뒤에는 반드시 음흉한 계획이 있
을 것이라며 도발에 응하지 않는다.

육손이 아무런 반응을 보이지 않자 결국 유비는 산골짜기
에 숨어 있던 8,000명의 복병을 복귀시킨다. 육손은 이렇게
대략 반년 동안 지키기만 하면서 유비군의 허점을 관찰한다.

　222년 7월, 마침내 육손은 유비의 전선이 길게 형성된 것을 보고 공격할 타이밍을 잡는다.

　육손은 화공으로 유비군을 총공격하고 수군 또한 적진으로 보내 공격에 나선다. 유비군은 대혼란에 빠지고, 혼란에 빠진 유비군 덕분에 그동안 포위된 성안에 갇혀 있던 손환도 성에서 나와 유비군을 협공한다.

마안산

　단 한 번의 공격으로 육손은 풍습을 포함한 여러 촉나라 장수들의 목을 베고, 40여 곳에 달하던 유비군의 진영을 모조리 격파해버린다.

　패퇴하던 유비는 마안산(馬鞍山)에 올라 군대를 수습한 뒤 가까스로 반격을 시도하지만 육손의 군대에 대패하여 무너진다.

　이때의 전투로 유비는 처참한 피해를 보게 된다. 기록에 따르면 죽은 병사들만 헤아려도 수만 명이 넘었으며, 그 시체들이 장강에 둥둥 떠다닐 정도였다고 한다. 백미라는 고사성어로 유명한 마량 또한 이 혼란 속에서 사망한 것으로 전해진다.

　전투가 끝난 뒤, 손환은 육손을 만나 "나는 사실 당신이 나를 도우러 오지 않은 것을 원망했었습니다. 대국이 결정된 오늘에 이르러서야 비로소 당신의 조처에는 방법이 있었음을 알게 되었습니다."라고 말했다 한다.

존형...

마량

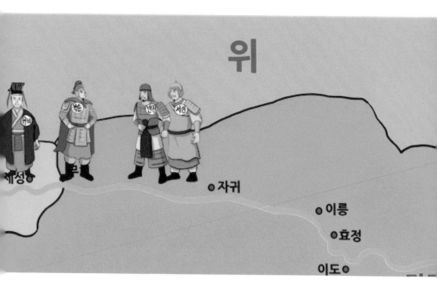

이릉에서 참패한 유비는 겨우 목숨만 건진 채 백제성(白帝城)으로 도망친다.

서성과 반장 등 오나라의 장수들은 육손에게 "지금 공격하면 유비를 반드시 붙잡을 수 있다."라면서 공격하길 권하지만 육손은 위나라가 공격해올 것을 걱정하며 군을 철수시킨다. 그리고 육손의 예측대로 얼마 지나지 않아 위나라가 오나라로 침공해온다.

　사실 조비는 이때 유비가 패할 것을 예측했다고 한다. 유비가 700여 리에 이르는 진영을 세웠다는 말을 들은 조비는 신하들에게 "유비는 병법을 이해하지 못하는 인물이오. 어찌 700여 리에 이르는 군영을 만들어 적과 싸워낼 수 있는 자가 있겠는가? 고원, 습지, 험한 곳을 감싸고 군대의 진영을 구축하는 자는 적에게 격파되기 마련이라 이것은 전쟁할 경우의 금기요. 머지않아 손권의 승전보가 도착할 것이오."라고 말했다고 한다. 그리고 조비가 유비의 패배를 예측한 지 7일 만에 손권이 이릉에서 유비를 격파했다는 서신이 도착한 것이다.

유비는 이릉에서의 패배로 수많은 장수들과 병사들을 잃어 재기불능에 가까운 타격을 받게 된다. 하지만 유비의 악몽은 여기서 끝난 게 아니었다. 육손의 공격으로 퇴각로가 끊긴 황권이 위나라에 투항해버린 것이다.

이때 황권을 따라 위나라에 투항한 촉나라 인재들의 수가 300명이 넘었다고 하니 촉나라 입장에서는 그야말로 엄청난 손실이 아닐 수 없었다.

조비가 항복한 황권을 환대하면서 그를 한신*과 진평**에 비유하자 어쩔 수 없이 항복했던 황권은 "저는 단지 전쟁에서 패배한 군대의 장수일 뿐 죽음을 면한 것만으로 다행입니다."라고 대답했다 한다.

---

* 한신(韓信): 한나라를 세운 유방이 "내가 이들을 부리지 못했다면 천하를 차지할 수 없었을 것이다."라며 얘기한 세 사람인 소하, 장량, 한신을 일컫는 한삼걸(漢三杰)의 1인. 바짓가랑이 밑을 기어가는 치욕을 뜻하는 고사성어인 과하지욕(袴下之辱), 천하에 견줄 이가 없는 가장 뛰어난 인물임을 뜻하는 고사성어인 국사무쌍(國士無雙)의 주인공이다. 기나긴 중국 역사상 최고 중의 최고로 꼽히는 명장이다. 단 3만 명의 군사만으로 몇 년 만에 여섯 개의 나라를 무너뜨리고, 두 명의 왕을 사로잡고, 한 명의 왕을 참수했다. 놀라운 것은 이 과정에서 한신은 모든 전투를 승리했다는 것이다. 하지만 전쟁에서는 신과 같았지만 처세술은 부족하여 그가 주군으로 삼았던 유방과는 자주 대립했다. 결국 유방이 천하를 통일한 뒤, 얼마 지나지 않아 비극적인 최후를 맞이하며 토사구팽(兎死狗烹)의 가장 대표적인 사례가 되었다.

** 진평(陳平): 한나라를 세운 유방의 한삼걸에 진평을 추가해 한사걸(漢四杰)이라 불릴 정도로 한나라의 건국뿐만 아니라 보국, 안정에도 큰 공을 세운 인물. 대세를 살피는 안목이 뛰어났으며 속된 말로 뒤통수를 치는 능력이 뛰어났다. 처세술과 계략에 매우 능했던 인물로 유방이 거병했을 때부터 그를 따른 인물이 아님에도 유방의 입맛에 맞는 계략들을 내놓으며 여러모로 유방의 총애를 받았다. 일각에서는 유방이 한나라를 건국하고 나자 모든 관직을 거절하고 은둔해버린 장량과 진평을 비교하며 한나라가 천하를 통일한 뒤에도 관직에 남아 많은 업적을 남긴 진평을 더 높게 치기도 한다.

　222년 9월, 조비는 손권이 아들을 인질로 보내지 않았다는
것을 핑계 삼아 오나라를 공격한다.

　조비가 오를 공격하려 하자 유엽(劉曄)과 가후는 '오를 공
격하기란 쉽지 않은 일.'이라면서 이를 반대하지만 조비는
그들의 말을 듣지 않고 조휴를 대장으로 삼아 동구(洞口)를
공격한다. 하지만 양군은 승부를 내지 못하여 조휴는 소득
없이 군을 철수시킨다.

　조휴와 조진(曹眞)은 어렸을 때
아버지를 잃고 조조의 배려로 조비
와 함께 자랐던 인물들로 조비가
황제가 된 후 위나라 군대의 중추
적인 역할을 맡게 된 인물들이다.

한편 조휴가 동구를 공격했던 것과 같이 조진은 주연*이
방어하고 있던 강릉성을 공격한다. 조진의 공격에 맞선 주연
은 단 5,000명의 병력만으로 수만에 달하는 조진의 군대를
상대하여 반년 넘게 열심히 싸웠고, 결국 조진 역시 아무런
성과도 거두지 못한 채 군을 되돌린다.

---

* 주연(朱然): 오나라의 장수. 본래 성은 시(施)씨였지만 13세 때에 손책의 중개로 어머니의
친동생인 주치(朱治)의 양자가 되어 성을 주씨로 바꾸게 되었다. 손권과 어린 시절 학우
였으며, 손권이 그의 재능을 높이 평가하여 일찍부터 현령직, 태수직을 연임했다. 이후,
여몽을 따라 반장과 더불어 관우를 생포했으며, 여몽 역시 주연을 높이 평가하여 죽으면
서 자신의 후계자로 주연을 추천했다. 유비가 오나라로 쳐들어오자 육손과 함께 유비의
침공을 저지했으며, 별동대를 데리고 유비의 퇴로를 차단하는 등 유비 격파에 공을 세워
정북장군이 되었다. 이후로도 조비의 위나라 군대를 막고, 조중(柤中)정벌에서 800명의
정예병으로 형주자사 호질과 포충을 물리치는 등 활약하여 육손이 죽은 뒤에 그의 뒤를
이어 대도독(大都督, 군의 최고 통솔자를 뜻하는 전쟁시 비상설직)이 되었다.

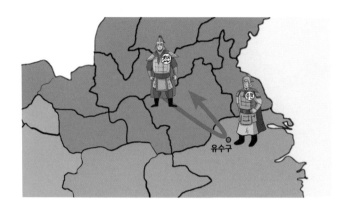

유수구

또한 유수구에서는 조인이 오나라의 주환*과 대치하지만 주환의 활약 덕분에 조인은 공격을 포기하고 철군한다. 이처럼 동구, 강릉, 유수구에서 모두 실패한 조비의 오나라 원정은 이렇게 허무하게 끝이 난다.

---

* 주환(朱桓): 오나라의 장수. 유수구로 진격해온 조인을 퇴각시키고, 상조(常雕)를 죽이고, 왕쌍(王雙)을 포로로 잡았다. 이후, 육손과 더불어 석정(石亭)에서 조휴를 격파하는 등 활약했다. 자존심이 매우 세서 자신의 잘못을 잘 인정하지 않는 편이었으며, 손권의 명령이 아니면 다른 이의 명령은 듣지 않으려 했다고 한다. 일례로 상관으로 있던 호종(胡綜)을 죽이려 들었으며, 호종의 측근을 죽였고 이를 고발한 부관까지 주환의 죽였다고 한다. 손권은 주환이 세워온 공적과 능력을 아꼈기에 죄를 묻지 않았다. 윗사람에게 사나웠던 것과 달리 부하들에게는 너그러웠으며, 상이 부족하면 자신의 재산을 나눠줄 정도로 부하를 생각했다고 한다. 특히나 주환에게는 1만여 명의 사병(私兵)이 있었는데 이들의 가족과 이름을 모두 기억할 정도였다.

한편 서쪽에서는 병으로 쓰러져 백제성에 머물고 있었던 촉한의 황제 유비가 세상을 떠난다.

4부

출사표
: 제갈량의 북벌일지

17장

유비의 죽음, 출사표

　이릉에서 유비가 패했다는 소식을 들은 제갈량은 "법정이 살아 있었더라면 능히 주군을 제지해 동쪽으로 가시게 하지 않았을 것이다. 설령 동쪽으로 가셨다 하더라도 필시 형세가 위태로워지게 놔두지 않았을 것이다."라고 탄식했다고 한다.

　이 말대로라면 유비의 의사결정에 가장 큰 영향을 끼쳤던 인물은 제갈량이 아닌 법정이었다는 것을 알 수 있다.

　유비는 백제성에 머물면서도 미련을 버리지 못하고 다시 형주를 공격할 마음을 품고 있었는데, 위나라에서 오나라를 침공했다는 소식을 듣자 육손에게 편지를 보내 공격할 뜻을 내비쳤다. 그러나 육손은 유비에게 "방금 패배했으니 상처나 잘 치유하시오."라는 조언을 담아 답장을 보냈고, 결국 유비는 공격을 포기했다고 한다.

222년 4월, 결국 유비는 성도로 돌아가지 못하고 백제성에서 병으로 세상을 떠난다.

유비는 죽기 전에 제갈량과 이엄을 불러 뒷일을 맡기며, 제갈량에게 "선생의 재능은 조비의 열 배에 달하니 필시 나라를 태평하게 안정시키고 대업을 이루기에 충분합니다. 만약 내 아들이 보좌할 만하면 보좌하시고, 그 아이가 재능이 없다면, 그대가 스스로 취하도록 하시오."라고 말했다고 한다.

유비가 이런 유언을 남긴 의도에 대해서는 여러 주장이 있다. '그대가 취하라'라는 뜻은 나라를 차지하라는 뜻이 아니라 다른 후계자를 고르라는 뜻이라는 설도 있고, 오히려 제갈량을 믿지 못해 제갈량의 의중을 떠보려는 시도였다는 말도 있다. 하지만 정황상 제갈량이 유비의 제안을 수락해 자신이 촉을 차지했을 가능성은 희박했을 것으로 보인다.

유비의 마지막 말을 들은 제갈량은 눈물을 흘리면서 죽을 때까지 헌신을 다해 충성하겠다고 답한다. 또한 유비는 제갈량에게 죽은 마량의 동생 마속(馬謖)이 실제로는 대단한 게 없으니 그를 중용하지 말라는 말도 남겼다고 한다.

제갈량에게 유언을 마친 유비는 아들 유선을 불러 "착한 일을 작다고 아니하면 안 되고 악한 일은 작다고 하면 안 된다. 제갈량을 어버이처럼 섬기며 그와 함께 일을 처리하라."라는 말을 남기고 숨을 거뒀다고 한다.

이렇게 조조에 이어 삼국지의 가장 큰 별 중 하나였던 유비가 세상을 떠난다.

《삼국지》를 쓴 진수는 유비에 대해 "유비는 포부가 크고 너그러웠으며 인재를 알아봤다. 재능과 모략에는 조조에 미치지 못하여 그 영토가 협소했다. 그러나 꺾일지언정 굽히지 않았고 끝내 남의 아래에 있지 않았다."라고 평을 남겼다.

한편 비슷한 시기에 오랜 세월 활약했던 장료, 조인, 마초, 하후돈, 가후 또한 세상을 떠난다. 그리고 이들의 공백은 제갈량과 사마의, 그리고 육손 등 다음 세대 인물들이 빠르게 메운다.

223년 5월, 17살이었던 유선이 유비의 뒤를 이어 촉의 황제에 오른다. 하지만 아직 어린 황제였기 때문에 유선을 대신해서 제갈량이 모든 국정을 책임지게 되고, 제갈량은 이릉전투에서 대패  하며 상실한 촉의 국력을 회복하는 일에 온 힘을 기울인다.

  제갈량은 농업 생산력을 높이고 새로운 인재를 선발하면서 내정을 다지고, 밖으로는 오나라에 사신을 보내 다시 동맹관계를 회복한다.

  이때 익주 남부에서는 유비가 죽고 혼란한 틈에 옹개*가 맹획(孟獲) 등과 손을 잡고 반란을 일으킨다. 하지만 제갈량은 이들을 곧바로 토벌하는 대신 국력을 회복하는 데에 우선적으로 힘을 쏟는다.

---

* 옹개(雍闓): 익주의 호족. 교주자사로 있던 사섭의 회유로 손권에게 투항했다. 익주 태수였던 정앙(正昻)을 죽이고, 후임으로 부임한 장예(張裔)를 사로잡아 손권에게 보냈다. 유비가 죽고 나자 이엄의 회유에도 불구하고 위, 촉, 오 셋 중 하나를 정하지 못하겠다며 촉에 속하기를 거부했다. 결국 오나라로 투항했으며, 이후 제갈량이 남방의 반란을 토벌하기 위해 출진하기 전에 부하로 있던 고정(高定)의 손에 살해당했다.

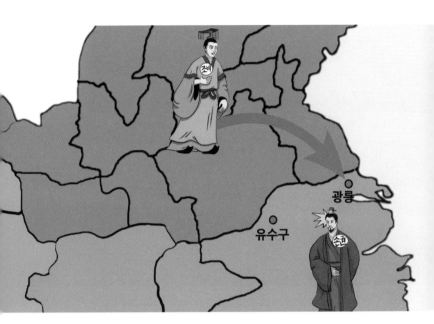

　224년 9월, 조비가 다시 한 번 군을 이끌고 오나라의 광릉 지역을 공격한다. 당시 손권은 위나라가 유수구 방면을 공격할 것이라 예측하고 광릉의 수비를 소홀히 하고 있었기 때문에 오나라 입장에서는 당황스러운 상황이었다.

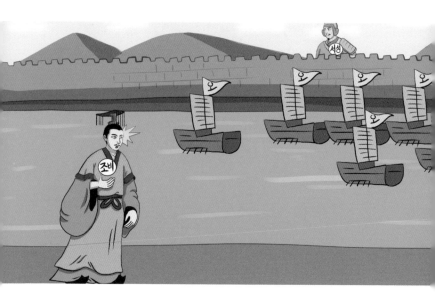

　하지만 오나라의 장수 서성*이 나서서 하룻밤 사이에 가짜
성벽을 쌓아 허장성세를 완성하고, 강에는 일부러 많은 배를
띄워놓아 눈속임을 펼친다.

---

* 서성(徐盛): 오나라의 장수. 전란을 피해 강동으로 이주하여 손권에게 등용되었다. 조조
　가 유수구로 쳐들어왔을 때 폭풍이 왔음에도 적군을 향해 돌격하여 손권이 칭찬했으며,
　유비가 쳐들어왔을 때 이릉에서 촉군을 격파하는 데에도 일조했다. 손권이 위나라로부
　터 오왕에 봉해지자, 이를 매우 분해하며 눈물을 흘렸다 한다. 이후, 조휴가 오로 쳐들어
　오자 분투하여 이를 저지한다. 손권은 서성의 공을 인정하여 안동장군(安東將軍)에 임명
　하고 무호후(蕪湖侯)로 봉했다고 한다.

광릉에 도착한 조비는 멀리 있는 성벽을 보고 깜짝 놀랐을
뿐만 아니라 장강을 건너다가 배가 거의 전복되어 물에 빠질
뻔하기까지 하자 군을 돌려 철수한다.

이처럼 군사적인 방면에서는 큰 재미를 보지 못한 조비였
지만 진군*이 제안한 구품관인법을 시행함으로써 위나라는
기존의 추천과 세습 위주의 인재 등용 시스템을 체계적으로
정비해 능력 위주로 인재를 등용하게 된다.

---

* 진군(陳羣): 유비가 예주자사로 있던 시절, 그에게 발탁되어 벼슬을 한 적이 있었다. 이때
도겸이 죽고 유비가 서주를 받으려 하자 "서주는 남에서는 원술이, 서쪽에서는 여포가
노리고 있는 곳이므로 위험하다."고 조언하지만 유비는 이를 받아들이지 않았다. 유비
가 여포에게 패해 서주를 잃게 되자 피난길에 올랐다가 조조가 여포를 토벌하자 조조에
게 등용되었다. 이후, 조조의 오른팔이던 순욱의 사위가 되는 등, 그 입지를 다져가며 내
정 쪽으로 활약했다. 진군이 조비에게 제정하도록 권한 구품관인법은 당시 대부분의 인
재등용이 힘 있는 인물들의 추천으로 이루어지던 것에 이러한 뒷배가 개입하지 못하도
록 하려는 목적으로 제정된 등용법이었다. 조비가 태자이던 시절부터 사이가 좋았던 덕
분에 조비가 깊이 신임했으며, 조비가 죽은 뒤에는 조진, 사마의와 더불어 위나라의 뒷
일을 부탁받기도 했다.

등소평

　이 구품관인법은 비록 시간이 흐르면서 변질되기는 하지만 이후에 큰 활약을 하는 등애(鄧艾)가 낮은 신분에도 불구하고 위나라에 등용될 수 있었던 배경이 되었다.

　등애는 등소평(邓小平)의 조상이라고 알려진 인물로 농부 출신인 데다 말더듬이라서 처음에는 낮은 벼슬로 시작했지만 사마의의 눈에 띄어 중앙 관직에 들어서게 된다.

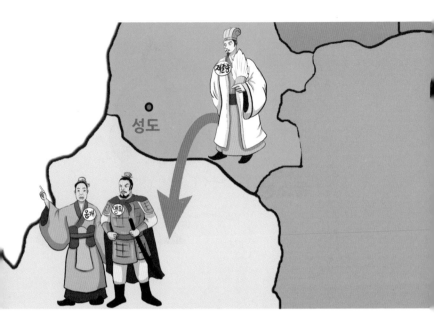

　225년 3월, 제갈량은 직접 군을 이끌고 남중의 반란 세력을 정벌하러 떠난다.

　이때 촉의 다른 신하들이 "남중은 풍토병이 많은 지역"이라면서 제갈량이 직접 나서는 것에 반대하지만 제갈량은 자신이 아니면 남중의 반란을 제압할 수 있는 이가 없다고 생각했기 때문에 출정을 강행한 것이었다.

마속은 출정에 나서는 제갈량을 배웅하며 "남중은 그 멀고 험한 것을 믿고 불복한 지 오래여서 오늘 격파하면 내일 다시 반역할 것입니다. 마음을 공격하는 것이 상책이고 성을 공격하는 것은 하책이니 저들의 마음을 복종시키십시오."라고 조언했다 한다.

당시 반란군을 지휘하던 옹개가 살해당한 뒤, 맹획이 이들의 우두머리가 되어 있었는데 제갈량은 맹획의 무리를 격파하고 그를 사로잡는다.

맹획은 흔히 대부분의 삼국지에서 이민족으로 그려지는데, 그가 이민족이었다는 기록은 정사에는 없다. 또한 《삼국지연의》에서 맹획의 아내로 나오는 축융 또한 실존인물이 아닌 가공의 인물이다.

맹획을 사로잡은 제갈량은 맹획에게 자신의 군대를 보여주면서 "우리 군이 어떠냐?"라고 묻는다. 그러자 맹획은 "이번에는 잘 몰라 패했지만 진영을 살펴보니 다음에는 쉽게 이길 거 같다."라고 답한다.

　제갈량은 웃으면서 그를 풀어주고, 얼마 후 맹획은 다시 제
갈량에게 사로잡힌다. 이렇게 제갈량은 7번이나 맹획을 풀어
주고 생포하길 반복했는데, 7번째에도 맹획을 풀어주려 하자
맹획은 다시는 배반하지 않겠다면서 촉에 귀순한다.

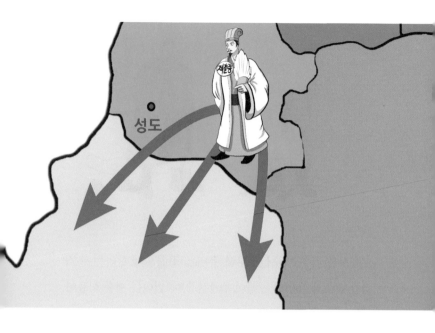

성도

　제갈량은 성도로 귀환한 후에도 맹획을 비롯한 현지 호족들이 계속 남중을 통치하는 것을 허락했는데, 이들은 촉에 복종하면서 더는 반란을 일으키지 않았다.

　익주 남부를 성공적으로 평정한 제갈량은 덕분에 남중의 풍부한 물자와 병사들을 얻게 되지만 이릉전투에서 입은 피해를 완전히 복구하기 위해서는 더 큰 승리가 절실했다.

　남중에서 돌아온 제갈량은 위나라에서 항복해온 이홍(李
鴻)으로부터 조비에게 투항했던 맹달이 촉을 그리워하고 있
다는 소식을 듣는다.

　이를 기회로 삼은 제갈량은 맹달에게 "과거 유비를 배신한
일은 유봉의 잘못이고, 우리가 동쪽을 바라보며 함께하던 때
를 추억한다."라는 내용의 편지를 보낸다.

　제갈량과 맹달은 이후에도 몇 차례 편지를 주고받고, 맹달
은 점점 위나라에 반기를 들 마음을 키우게 된다.

226년 5월, 위나라의 황제 조비는 갑작스럽게 병에 걸려 마흔의 나이로 세상을 떠난다.

조비는 죽기 얼마 전에 원정에서 돌아와 허창에 도착했었는데 허창성의 남문이 아무런 이유도 없이 무너져서 이를 불길하게 여기고 낙양으로 발길을 돌렸다고 한다.

　조비는 사마의, 진군, 조진, 조휴에게 후사를 맡기며 숨을 거두었고, 조비의 아들 조예(曹叡)가 그 뒤를 이어 위나라의 황제가 된다.

　조예는 총명하고 외모 또 한 수려했다고 전해지는데, 조조가 생전에 조예를 매우 총애해서 항상 자신의 곁에 있게 했다는 기록이 있다. 하지만 조예에게는 생모였 던 문소황후(文昭皇后)가 아

버지 조비의 미움을 사서 죽임을 당한 아픈 과거가 있었다.

양양

석양

　조비가 죽었다는 소식을 들은 손권은 이를 기회라 여겨 곧
바로 대군을 일으킨다. 손권의 오나라 군대는 위나라의 석양
(石陽)과 양양을 침공하지만 사마의가 지휘하는 위나라 군대
에 패해서 철수하게 된다.

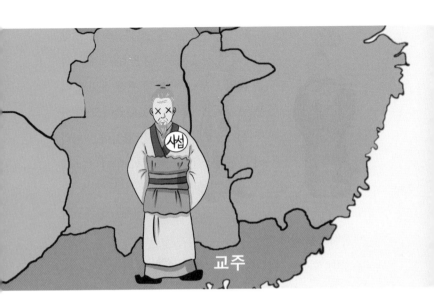

교주

한편 남쪽에서는 오랜 세월 중국의 최남단인 교주(交州)를 다스리고 있었던 사섭(士燮)이 90세의 나이로 사망한다.

사섭은 137년생으로 그보다 일찍 죽은 조조나 원소보다도 스무 살 정도 나이가 많았다. 사섭은 베트남에 한자와 같은 중국 문물을 전파한 것으로 알려진 인물이다. 사섭이 살아있는 동안에는 오나라에 충성하며 독립 세력을 유지할 수 있었지만 그가 죽자마자 오나라는 교주를 흡수해버린다.

227년 3월, 제갈량은 위나라를 치기 위해 성도를 떠나 한중으로 향한다. 제갈량은 떠나면서 황제 유선에게 그 유명한 '출사표'를 올렸는데 이 출사표를 대략 간추린 내용은 아래와 같다.

"선황제이신 유비께서 저를 비루하다 하지 않고 외람되게도 친히 몸을 낮추시어 저를 세 번이나 찾아와 당세의 일을 물으시니 저는 감격하여 그를 도울 것을 약속드렸습니다.

그 이래로 21년이 지났습니다. 선황제께서는 돌아가실 때 제게 큰일을 맡기셨습니다. 이제 남방은 평정되었고 병기와 갑옷 또한 넉넉하니 군을 거느리고 북쪽으로 중원을 평정해야 합니다.

재주를 다해 간흉을 물리치고 한실을 부흥해 옛 수도로 돌아가려 합니다. 이것이 유비께 보답하고 폐하께 충성하는 저의 직분입니다.

폐하께서는 적을 토벌하고 한실을 부흥하는 일을 제게 맡기시고 만약 성과가 없으면 저의 죄를 다스려주십시오.

이제 먼 길을 떠나며 표를 올리니 눈물이 흘러 무슨 말을 더 해야 할지 모르겠습니다.”

제갈량은 조운, 위연, 마속 등과 함께 한중에 주둔하면서 상용의 맹달에게 위를 배신할 것을 부추긴다. 맹달은 마침 위나라에서 가장 그를 믿어주던 조비가 죽은 데다 다른 신하들이 자신을 의심한다는 소식이 들려오자 마침내 위를 상대로 반기를 든다.

　맹달이 주둔하던 신성(新城)은 산세가 험한 천혜의 요새였기 때문에 그는 제갈량에게 "적군이 도착하려면 한 달은 걸릴 것이고 지형이 험하니 여러 장수들이 와도 걱정할 것 없다."라는 편지를 보낸다.

하지만 맹달이 배반할 것을 눈치 채고 있던 사마의는 이미
진군 준비를 끝낸 상태였다.

사마의는 불과 8일 만에 1,200리(약 500km)의 길을 강행군
하여 아직 제대로 방비가 되지 못한 맹달을 놀라게 만든다.

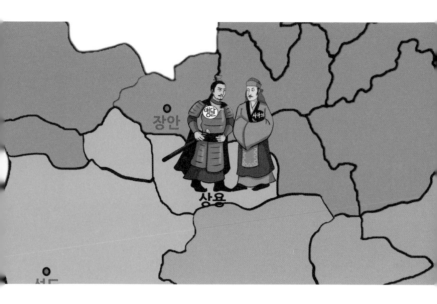

　사마의가 성 앞에 도달하자 맹달은 제갈량에게 "제가 거병한 지 8일밖에 안됐는데 벌써 적군이 성 밑에 도착했으니 어찌 이토록 신속할 수 있습니까!"라고 편지를 썼다고 한다. 사마의는 신성을 공격하기 시작하여 보름 만에 맹달을 사로잡아 참수해버린다.

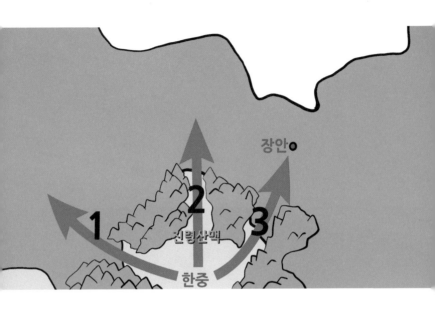

제갈량은 진군하기에 앞서 한중의 남정(南鄭)에서 군사회의를 소집한다. 위나라를 침공하기 위해서는 험준한 진령산맥(秦嶺山脈)을 넘어야 했는데, 이 진령산맥을 통과할 수 있는 길은 크게 세 개가 있었다.

군사회의에서 어떤 길을 통해 공격할지를 논의할 때, 위연은 "제게 5,000명의 별동대를 준다면 동쪽의 자오곡을 통해 장안을 공격하겠습니다."라고 제안한다. 뒤이어 위연은 "겁이 많은 하후무와 문관들만이 장안을 지키고 있기 때문에 쉽게 장안을 함락시킬 수 있을 것입니다."라고 덧붙인다.

　하지만 제갈량은 위연의 제안이 너무 위험하다면서 이 계책을 쓰지 않았는데 아마도 사마의를 경계했던 것으로 추정된다. 그러나 위연은 이런 제갈량을 보면서 그가 겁이 너무 많아 자신의 재주가 모두 쓰이지 못한다며 한탄했다고 한다.

제갈량은 위연의 계책을 채택하지 않고 조운에게 별동대를 주어 기곡(箕谷)으로 출진할 것을 명한다.

위나라는 기곡이 뚫리면 장안까지 위험할 수 있었기 때문에 조진에게 대군을 주어 조운을 상대하게 한다. 하지만 사실 조운의 별동대는 적의 주의를 끌기 위한 미끼였다.

제갈량이 이끄는 촉의 본진은 서쪽의 기산(祁山)으로 향하고 있었다. 위나라에서는 촉의 군사력을 과소평가해서 거의 침략을 대비하지 않고 있었기 때문에 제갈량이 잘 훈련된

10만의 대군을 이끌고 별안간 옹주 서쪽에 나타나자 천수(天水), 남안(南安), 안정(安定) 등의 3군은 싸울 의지를 잃고 제갈량에게 항복한다. 그리고 이때 제갈량에게 투항해온 인물이 바로 강유(姜維)다.

제갈량이 위나라의 허를 찔러 공격하자 위나라의 신하들은 혼란에 빠진다. 하지만 조예는 '제갈량이 산 뒤에 숨어만 있다 스스로 나왔으니 오히려 지금이 그를 쳐부술 기회'라면서 차분하게 신하들을 격려한다.

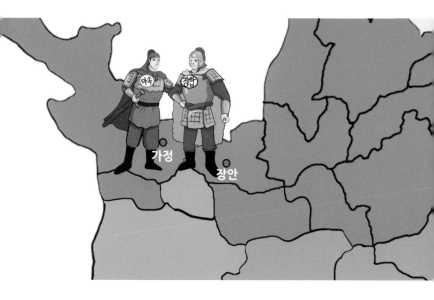

　조예는 장합에게 5만의 병사를 주어 제갈량을 공격하게 한다. 이에 제갈량은 장합을 상대하기 위해 자신이 가장 총애하던 마속을 가정(街亭)으로 보낸다.

　만약 가정을 성공적으로 지켜낼 수만 있다면 그 틈에 촉은 가정의 서부 지역을 평정해 옹주 서부뿐만 아니라 양주까지 영토를 확장할 수 있었다.

촉은 이곳을 거점으로 장안과 비옥한 관중(關中) 지역까지 노릴 수 있었고, 그렇게 된다면 이릉전투의 피해를 만회하는 것은 물론이고 천하통일까지 노릴 수 있었다. 그렇기 때문에 가정에서 장합을 막는 것은 촉에 입장에서는 사활이 걸린 중대사였다.

  사실 주변에서는 마속 대신 위연이나 오의(嗚懿)처럼 좀 더
노련한 장수를 선봉으로 삼아야 한다고 주장했지만 제갈량
은 자신의 고집을 꺾지 않고 마속에게 선봉을 맡긴다. 그리
고 가정에 도착한 마속은 성을 점거하는 대신 산에 올라 진
을 치는 이해할 수 없는 행동을 한다.

　아니나 다를까 위나라의 명장 장합은 마속이 떠먹여주는 기회를 놓치지 않고 산에 올라가 있는 마속군의 물길을 끊어버린다. 그리고 일부러 틈을 두어 촉군이 목마름에 지치자 공격에 나서니, 촉군은 크게 패하여 뿔뿔이 흩어져버린다.

18장

제갈량의 연이은 북벌,
황제에 오르는 손권

228년, 제갈량은 주변의 만류를 뿌리치고 가정의 수비를 마속에게 맡긴다. 가정에 도착한 마속은 부장으로 함께한 왕평의 조언을 무시하고 산위에 진을 치는 어리석은 선택을 한다. 마속의 고집을 꺾지 못한 왕평은 1,000명의 병사만을 데리고 산 아래 길목에 진을 쳤다.

가정에 도착한 장합은 마속군이 올라간 산의 수로를 끊고 공격해 마속의 군에 크게 승리한다. 그나마 왕평이 이끄는 군사들이 북을 울리면서 길목을 지켰기 때문에 복병을 의심한 장합이 더 이상 접근하지 못했다고 한다. 마속은 왕평 덕분에 겨우 전멸을 면할 수 있었다.

왕평은 위나라 소속으로 한중 공방전에 참전했다가 촉에 투항한 인물로 그의 자질을 알아본 유비에 의해 중용되기 시작했다.

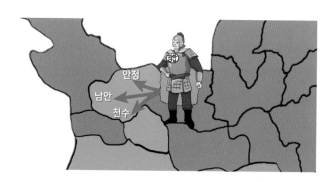

가정이 뚫리고 장합이 공격해오자 제갈량에게 항복했던 천수, 남안, 안정 3군은 곧바로 촉에게 등을 돌린다.

안정된 근거지를 확보하는 데 실패하고 조운 또한 조진에 패했다는 소식이 들려오자 제갈량은 결국 철수를 결심한다. 이렇게 촉의 첫 번째 북벌은 실패로 끝난다.

　한편 가정에서 대패한 마속은 자신이 패배의 원흉으로 지목될 게 분명하자 도주한다. 그러나 얼마 못가 붙잡혀 제갈량에게 끌려온다.

　제갈량은 한때 자신이 가장 총애하던 마속에게 사형을 내림으로써 나라와 병사들에게 사죄하고, 마속은 형이 집행되기 전에 옥중에서 죽었다고 한다.

이후에 장완[*]이 제갈량에게 마속을 죽인 것을 후회하지 않느냐고 묻자 제갈량은 눈물을 보이면서 "천하가 분열되고 군대의 교전이 이제 막 시작되었는데, 만약 법을 무시한다면 무슨 수로 적을 토벌하겠소?"라고 말했다고 한다.

---

[*] 장완(蔣琬): 삼국시대 촉나라의 재상. 제갈량이 죽은 뒤, 약 12년간 촉나라에서 실질적인 1인자를 맡았다. 이른 나이에 이름이 알려져 유비와 함께 촉으로 들어갔다. 유비는 장완을 광도현(廣都縣)의 장으로 임명했지만 장완은 일은 안 하고 술만 마시는 등 일을 제대로 보지 않아 유비가 장완을 처형하려고 했다. 그러나 제갈량이 '장완의 그릇은 고작 백리의 현 따위를 다스릴 수준이 아니라 국가를 다스릴 만한 그릇'이라며 유비를 말린 덕에 관직을 박탈당하는 것으로 목숨을 부지했다. 이후, 다시 관직에 오르긴 했으나 유비에게는 미움을 산 탓인지 중용 받지 못하다가 유비 사후, 제갈량이 승상이 된 뒤부터 촉의 핵심 인물로 활약했다. 제갈량이 북벌에 나서면 장완은 촉나라에 남아 각종 사무를 대신 처리했으며, 후방에서 보급을 하는 데에도 매우 충실했다. 제갈량은 유선에게 "제게 무슨 일이 생기면 장완이 대신하게 하소서."라고 말했으며, 제갈량 사후, 장완은 촉의 실세가 되었다.

하지만 첫 북벌에서 촉이 아무런 성과도 거두지 못한 것은 아니었다.

제갈량은 위나라에서 1,000여 인가와 함께 강유를 이끌고 돌아왔는데 제갈량은 이 강유에 대해 "마량을 포함한 여러 사람이 그의 재주만 못하며, 특히나 군의 지휘와 전략에 대해 깊이 이해하고 있다."라고 평했다.

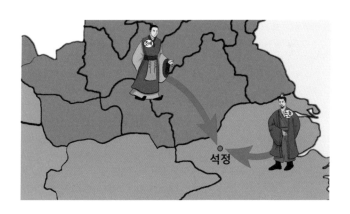

석정

228년 8월, 위나라와 촉한이 서로 싸우는 틈을 타 오나라

가 육손, 주방[*], 전종^{**} 그리
고 주환을 앞세워 위나라와
전투를 벌인다.

　오나라는 위나라를 공격
하기 전에 파양(鄱陽)태수였
던 주방에게 조휴에게 일곱 번이나 편지를 보내 거짓으로 항
복할 뜻을 보이게 했다. 편지에서 주방은 조휴가 공격해오면
오나라를 배신하고 호응하겠다며 조휴를 유인한다.

---

* 주방(周魴): 오나라의 정치가. 전당(錢唐)에서 팽식(彭式)의 무리가 반란을 일으키자 팽식
　과 그 무리를 제압해 처형했고, 파양의 도적 팽기(彭錡)가 5만의 무리를 모아 반란을 일
　으키자 손권에게 파양태수로 임명되어 팽기를 사로잡는 데에 성공했다. 석정 전투에서
　조휴에게 거짓 항복해 그를 유인하여 육손이 대승을 거두는 데에 크게 일조했으며, 이후
　예장군에 피해를 입히던 도적인 동사(董嗣)에게 첩자를 보내어 유인해 죽임으로써 반란
　을 진압했다.

** 전종(全琮): 오나라의 장수. 손권의 사위이기도 하다. 전종의 아버지인 전유는 동탁이 조
　정을 차지하자 낙향했다가 회계에서 손책에게 항복해 그 휘하로 들어갔다. 전종에 대해
　서 재미있는 일화가 있다. 그의 아버지가 전종에게 쌀 수천 석을 물건으로 바꿔오라고
　시킨 적이 있는데 전종은 그 쌀을 오군에서 전부 뿌려버렸다. 당시 오군은 굶주리는 이
　가 많은 어려운 상황이었는데 전종은 이들을 구제한 것이다. 빈손으로 돌아온 전종을 보
　고 아버지가 노발대발하자 "우리가 쌀과 바꾸려 했던 물건은 귀한 것이 아니었지만 사
　대부들에게 고난이 닥쳤기에 그들을 구제했습니다."라고 답했다 한다. 전종의 아버지는
　이런 전종을 보며 기이하게 여겼다. 전종의 이러한 언행으로 그의 집에는 온갖 식객이
　넘쳐났으며 명성이 높아진 덕분에 전종은 손권의 눈에 들어 관우를 토벌하는 데에도 계
　략을 내는 등 공을 세워 손권의 사위가 되었다.

이후 주방은 조휴의 사자가 오나라에 왔을 때 일부러 머리를 풀고 손권 앞에서 사죄하는 모습을 보이는 등 조휴의 믿음을 사는 데에 성공하고, 결국 조휴는 10만 군을 이끌고 주방과 합류하기로 한 환(皖)을 향해 출진한다.

강릉
유수구
석정
환현

　조예 또한 조휴를 지원하기 위해 사마의에게는 강릉을 공격하게 하고, 가규에게는 유수구 방면을 공격하게 하여 세 방향으로 오나라를 침공한다. 하지만 환에서 조휴를 기다리고 있었던 것은 배신을 약속한 주방이 아닌 오나라의 명장 육손이었다.

조휴는 자신의 병력이 많은 것을 믿고 그대로 육손을 공격했지만 결과는 조휴의 대패였다. 이 전투로 1만의 위나라 병사가 죽거나 사로잡혔고 전쟁물자 대부분을 오나라에 빼앗기게 된다.

이때 육손은 조휴의 퇴로마저 끊었었기 때문에 만약 가규가 서둘러 조휴를 구원하러 오지 않았더라면 피해는 훨씬 더 컸을 것으로 예상된다.

하지만 조휴는 자신을 구출한 가규에게 적반하장으로 왜 이렇게 늦었냐면서 화를 내고, 버리고 온 무기를

주워오라는 무리한 요구를 한다. 공교롭게도 이 둘은 전투가 끝나고 몇 달 뒤 사이좋게 병에 걸려 세상을 떠난다.

228년 겨울, 위나라가 오나라와 싸우느라 관중의 병력이 동쪽으로 이동한 틈을 타 제갈량은 다시 한 번 북벌을 계획한다.

제갈량은 진창(陳倉)을 목표로 삼고 공격을 가하지만 제갈량이 진창으로 공격해올 것을 미리 예측한 조진이 학소(郝昭)로 하여금 진창에 성을 쌓아 방어하게 한다.

  진창성을 포위한 제갈량은 학소와 같은 고향 사람을 시켜 학소에게 항복할 것을 권하지만 학소는 망루에 올라 "위나라의 법이 어떤지 경이 익히 알 것이고 내가 어떤 사람인지도 잘 아실 것이오. 나는 오직 죽음을 각오할 뿐이니 제갈량에게 돌아가 빨리 공격이나 하라고 전해주시오."라고 답했다고 한다.

　제갈량은 공성 병기까지 동원하며 겨우 1,000여 명이 수비하던 진창성을 총공격했지만 학소는 불화살을 쏘면서 모든 공격을 막아낸다.

　제갈량은 포기하지 않고 20여 일간 흙산을 쌓고 땅굴을 파는 등 모든 방법을 동원하지만 진창성은 함락될 여지를 보이지 않는다.

　시간이 흐르면서 위나라의 구원군이 다가오고 군량도 점점 떨어져가자 제갈량은 결국 군을 돌려 한중으로 철수한다. 이렇게 두 번째 북벌 역시 너무나 싱겁게 실패로 끝난다.

　229년 초, 제갈량은 재차 북벌에 나선다. 제갈량이 공격한 곳은 익주의 북서 지역인 무도(武都)와 음평(陰平)이었는데, 촉의 공격 소식을 들은 옹주자사 곽회가 방어에 나서지만 직접 군을 이끌고 공격해온 제갈량에 밀려 결국 무도와 음평 지역을 촉에 빼앗긴다.

　세 번의 북벌 만에야 처음으로 영토를 넓히는 데 성공한 제갈량은 1차 북벌의 실패로 물러났던 승상직에 복귀한다. 하지만 이전에 조조가 무도와 음평에서 대부분의 인구를 이주시켰었기 때문에 이 승리는 군사력을 강화하는 면으로 보았을 때 큰 의미가 있는 승리는 아니었다.

십년에 세탕이라니

229년 4월, 손권은 신하들의 권유에 따라 오나라의 황제 자리에 오른다. 손권이 황제에 오르기 얼마 전에는 황룡과 봉황이 출현했다는 보고가 있었다고 한다.

위나라와 촉한 모두 황제를 두고 있었기 때문에 손권이 황제에 즉위한 건 당연한 수순이었던 것으로 보인다.

손권이 황제에 올랐다는 소식을 듣자 촉한의 황제 유선은 사신으로 진진(陳震)을 보내 손권의 황제 즉위를 축하한다.

오나라와 촉은 위나라를 점령할 경우 사이좋게 영토를 나눠 갖기로 약속을 하여 서주, 예주, 유주, 청주는 오나라가 차지하고 병주, 기주, 연주, 양주는 촉한이 차지하는 것으로 합의를 한다.

손권과 더불어 촉의 사신으로 간 진진은 재단으로 올라가 희생의 피를 마시면서 함께 위나라를 토벌하기로 맹세한다. 그리고 이 비슷한 시기에 오나라에는 대진국의 상인, 즉 로마의 상인이 도착한다.

기록에 따르면 이 로마 상인의 이름은 '진론'이었다. 이에 호기심을 느낀 손권이 진론에게 로마의 문화와 풍속에 대해 많은 질문을 했는데, 진론은 자기를 잘 대접해준 사례로

손권이 궁금해하던 것을 전부 대답해주었다고 한다.

마침 이때 손권이 단양 지역을 토벌하면서 포획한 키 작은 사람들을 진론에게 보여주자, 진론은 로마에서는 이런 사람들을 거의 볼 수 없다고 말했다고 한다.

손권은 진론에게 키 작은 사람 중 남녀를 각각 10여 명 골라 선물로 주었고, 신하 중 한 명에게 길안내를 맡겼는데 가는 길에 사고를 당해서 진론이 빨리 본국으로 돌아갔다고 한다. 하지만 그 사고가 무엇이었는지에 대해서는 기록이 없다. 그리고 그해 11월인 229년 말, 촉나라에서는 조운이 사망한다.

일전의 가정전투에서 마속이 많은 병력을 잃었던 반면에 조운은 기곡에서 패했음에도 불구하고 병력 손실이 거의 없었다.

이를 이상하게 여긴 제갈량이 어찌된 일인지를 묻자 조운의 부관이었던 등지(鄧芝)는 "조운 장군께서 몸소 후방을 지키고 군수물자조차 함부로 버린 일이 없으니 병사들을 잃을 까닭이 없었습니다."라고 대답했다.

제갈량은 여분의 군수품 중에 비단을 챙겨 조운에게 하사품으로 주려고 하자 조운은 승리를 거두지도 못했는데 어찌 하사품을 받을 수 있겠냐면서 하사품을 거절했다고 한다.

230년, 손권은 제갈직(諸葛直)과 위온(衛溫)에게 1만의 병사를 주어 이주(夷洲)와 단주(亶洲)의 사람들을 데려오라는 명령을 내리는 한편 주애(朱崖)를 정복하기 위해 신하들에게 자문을 구한다.

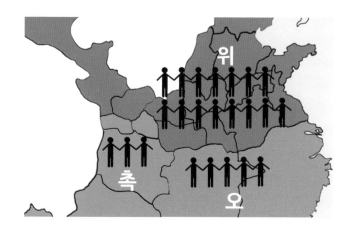

　당시 오나라는 위나라에 필적할 만큼의 넓은 영토를 갖고 있었지만 인구수는 위나라가 약 3,000만, 오나라는 1,000만 정도로 그 절반에도 미치지 못했다. 덧붙이자면 촉나라는 가장 적은 600만 정도였을 것으로 추정된다고 한다.

　인구부족은 곧 동원 가능한 병력에 직접적인 영향을 끼쳤기 때문에 손권은 이민족을 포섭하고 위나라에서 주민들을 납치하는 등 인구를 늘리기 위해 많은 노력을 기울이고 있었다. 하지만 그럼에도 위나라와의 압도적인 인구차를 극복하기에는 무리가 있었던 것이다.

단주는 바다 한가운데에 있었다고 하는데, 노인들의 말로
는 진시황이 서복(徐福)에게 소년과 소녀 수천을 데리고 바다
로 들어가 신선과 신선의 약을 구해오라고 했지만 이곳에 이
르러 돌아오지 않고 그 자손이 대대로 이어져 수만 호가 되
었다는 곳이다.

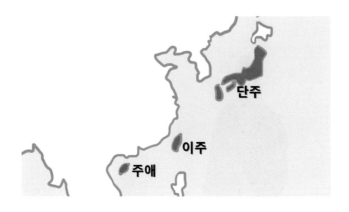

　서복은 진시황에게서 불로초를 구하라는 명령을 받아 수천 명의 남녀를 데리고 동쪽으로 향했지만 그 후 영영 돌아오지 않은 인물이다.

　손권은 서복이 이끌고 간 사람들이 수만 호의 인구로 늘어났다는 소문을 듣고 이들을 잡아오기 위해 이주와 단주, 주애로 군사들을 보낸 것이다.

　이주, 단주, 주애가 어딘지는 정확하지 않지만 아마도 오늘날의 대만, 일본, 그리고 남쪽의 하이난 섬으로 추정된다.

육손은 손권의 계획을 반대하면서 "신이 거듭 생각해 보았지만 이것은 유리함이 보이지 않습니다. 지금 무모하게 사병들을 불모지를 건너게 하여 많은 이익을 얻으려고 하다가는 더욱 큰 손해를 보게 될 것입니다. 또한 주애는 매우 험준한 곳이며, 그곳의 백성들은 짐승과도 같다고 합니다."라며 손권에게 간언했다.

전종 또한 원정을 통해 얻을 것은 별로 없고 오히려 전염병으로 많은 병사들이 희생될 뿐이라면서 반대했다고 한다.

하지만 손권은 육손과 전종의 만류를 무시하고 이 지역에 군을 파견한다.

1년 뒤, 원정에 실패한 제갈직과 위온이 돌아왔으나 전종의 말대로 이들이 데려간 1만 명에 달하는 병사들도 전염병으로 거의 전멸에 가까운 피해를 입은 상태였다. 손권은 제갈직과 위온이 아무런 성과도 없이 돌아온 것에 실망하여 둘을 처형한다.

230년 여름, 낙양을 찾아가 조예를 만난 조진은 "촉이 연이어 출병해서 변경을 침략하니 여러 방면으로 공격해 들어가 촉을 토벌하시지요."라고 제안한다.

조예는 조진의 출병을 허락하고 사마의로 하여금 형주에서 동시에 쳐들어갈 계획을 세우게 한다.

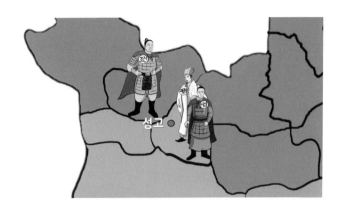

위의 침략 소식을 들은 제갈량은 성고(城固)에 거점을 마련하고 이엄과 2만 병력을 불러들여 방어를 강화한다. 하지만 한 달 넘게 계속 내린 장맛비로 위나라의 군사들은 진격을 멈추게 되고, 낙양에서는 한중 침공에 대한 비판이 쏟아져 조예는 전군에 철수를 명하게 된다. 그리고 낙양으로 돌아온 조진은 얼마 후 병을 얻어 사망한다.

군사방면에서 국가의 대사를 관장하는 대사마(大司馬)였던 조진이 죽고 나자 여러 전투에서 실력을 입증

한 사마의가 위나라 군의 실질적 일인자로 부상하게 된다.

조예는 사마의를 불러 "서쪽에 일이 생기니 그대가 아니면 가히 맡길 만한 자가 없다."라면서 그를 장안에 주둔케 한다.

231년 초, 위나라 군이 철군하기 무섭게 제갈량은 반격에 나선다. 제갈량은 위연과 오의에게 군을 주어 양주 방면으로 진격했고, 양계(陽谿)에서 곽회가 이끄는 위나라 군을 상대로 대승을 거둔다.

기산까지 진격한 제갈량은 선비족의 우두머리였던 가비능과도 손을 잡아 가비능에게 북쪽에서 장안을 압박하도록 지시한다.

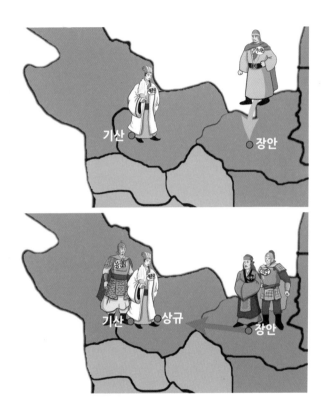

　장안에서 사마의와 장합이 기산을 구원하기 위해 서쪽으로 향하자 제갈량은 왕평에게 기산 공격을 맡기고 자신은 직접 군을 이끌어 상규로 향한다.

　상규에서 곽회의 병사들과 격돌한 제갈량은 곽회를 상대로 승리를 거두고 상규(上邽) 일대에서 자라고 있던 보리를 모두 수확한다.

　이때 위나라 군대와 촉나라 군대 모두 식량이 부족한 문제를 겪고 있었는데, 제갈량이 상규에서 승리해 보리를 확보함으로써 촉군은 식량 문제를 덜게 된다. 반대로 위나라 군대는 내내 식량 부족을 해결하지 못해 고생했다는 기록이 있다.

기산 ◦ ─── ◦ 상규

231년 5월, 위나라 군은 공세에 나서 기산에서 대치하고 있던 장합이 왕평을 공격하고 사마의는 제갈량과 격전을 치른다. 하지만 왕평과 제갈량은 각각 장합과 사마의를 상대로 승리를 거두고, 큰 피해를 입은 위나라 군은 다시 본진으로 돌아가 지구전에 돌입한다.

여름이 되자 장맛비가 내리기 시작했고 기산에 주둔하고 있던 제갈량은 군량 수송 업무를 담당하고 있던 이엄에게 군량을 조달할 것을 재촉한다.

　이엄은 제갈량과 함께 유비가 죽을 때 뒷일을 맡긴 탁고대신(託孤大臣)을 지냈으며, 촉에서는 제갈량 다음가는 인물로 평가받을 만큼 유능했지만 점차 욕심을 부리면서 제갈량과 동등한 대우를 요구하고 있었다.

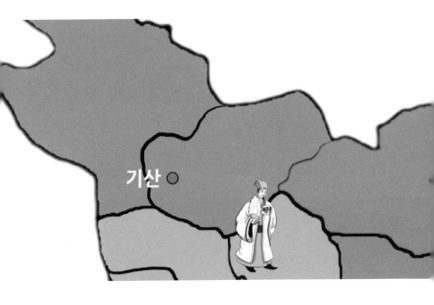

기산 ○

　한번은 익주를 둘로 나누고 자신을 새로 신설된 파주의 자사로 삼아달라는 무리한 요구를 하다 제갈량에게 거절당하기도 했다.

　제갈량에게 군량 조달을 요청받은 이엄은 제갈량에게 장맛비 때문에 군량미 수송이 어려우니 철군해야 한다고 조언한다. 결국 더 이상 식량을 조달할 방법이 없어진 제갈량은 어쩔 수 없이 군을 돌려 철수한다.

  촉한 군이 철수한다는 소식을 들은 사마의는 장합을 보내
그 뒤를 쫓게 한다. 하지만 장합이 천수군 근처인 목문(木門)
에 다다랐을 때, 매복하고 있던 촉나라 병사늘에게 습격을
받는다. 그리고 촉군 병사가 쏜 화살을 오른쪽 다리에 맞은
장합은 상처가 악화되어 죽고 만다. 백전노장 장합은 그렇게
세상을 떠난다.

한편 한중에 돌아온 제갈량에게는 황당한 일이 기다리고 있었다. 분명 자신에게 군량이 부족하니 퇴각하라고 조언했던 이엄이 정작 제갈량이 돌아오자 '군량미는 충분한데 어찌 돌아왔냐'면서 거짓으로 놀란 시늉을 하고 있었던 것이었다.

19장

제갈량의 마지막 북벌

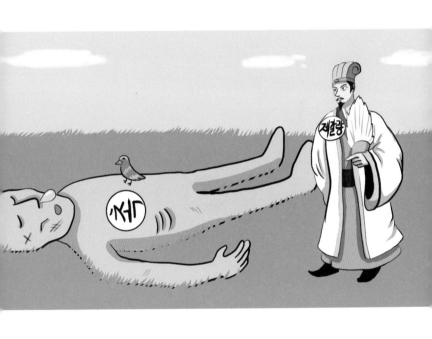

    231년, 제갈량은 사마의와 장합을 상대로 승리하면서 전황을 유리하게 이끌어가던 중 이엄이 군량미를 수송하는 데 어려움을 호소하자 다시 한 번 철수하게 된다. 그러나 《진서(晉書, 위나라를 이어받은 진나라의 기록을 담은 역사서)》에서는 사마의가 승리했다고 기록되어 있다.

전황을 유리하게 끌어가던 상황이었음에도 군량미로 인해 돌아온 제갈량에게 정작 그 원인이었던 이엄은 "군량미는 충분한데 왜 돌아오셨습니까?"라면서 놀란 척을 한다.

이엄은 제갈량에게 능청을 떨 뿐만 아니라 황제 유선에게 "군이 진짜 퇴각하는 것이 아니라 적을 유인하

기 위한 계책입니다."라는 거짓 보고를 한다.

이엄이 이런 황당한 거짓말을 한 이유는 군수물자를 제대로 운송하지 못한 자신의 책임을 제갈량에게 뒤집어씌우기 위해서라고 알려지고 있다.

하지만 이는 뻔히 드러날 거짓말이었을 뿐만 아니라 군량미 수송이 어렵다는 사실을 이미 제갈량이 수용한 상태에서 벌어진 일이었다. 또한 제갈량이 역시 이렇게 허술한 모함에 넘어갈 인물도 아니었으며 군량을 무리하게 조달하지 못했다고 해서 이엄에게 책임을 물을 가능성도 별로 없었으므로 왜 이엄이 이런 행동을 했는지에 대해서는 여전히 의문이 남는다.

결국 제갈량이 이엄과 주고받은 편지를 모두 공개하자 이엄이 거짓말을 한 것이 드러나고, 이엄은 자신의 잘못을 시인하며 용서를 빌게 된다. 이에 제갈량은 이엄을 비난하는 상소문을 올렸는데 간추린 내용은 아래와 같다.

　"이엄은 제가 북방으로 출병할 때 다섯 개 군을 주어 파주 자사로 임명해 달라고 요구했습니다. 작년에 제가 서쪽으로 출진하면서 이엄으로 하여금 한중을 관리하도록 했는데 이엄은 사마의가 자신을 초청했다고 말했습니다.

　저는 이엄이 이런 말을 함으로써 자신에게 이익을 얻도록 하려고 했음을 알았습니다. 이엄이 한중에 있을 때 모든 일을 그가 책임지도록 했으므로 신하들은 모두 제가 이엄을 너무 후하게 대우한다며 질책했습니다.

　그러나 저는 이엄의 마음은 영예와 이익에만 있을 뿐이라고 생각했지 그의 마음이 뒤틀렸을 거라고는 생각지 못했습니다."

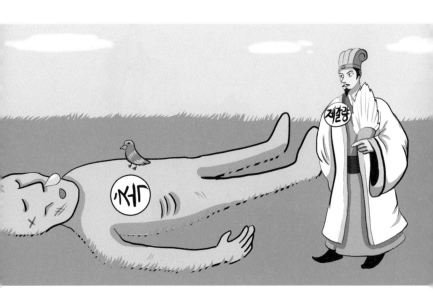

　결국 이엄은 제갈량에 의해 탄핵되었고 평생 복직하지 못한 채 생을 마감했다고 한다.

　이후, 제갈량은 세 차례에 걸친 북벌로 피폐해진 촉한의 내정을 돌보고 지친 병사들을 쉬게 하면서 한동안 다시 국력을 회복하는 데 집중한다.

232년 10월, 먼 북쪽 요동 지역을 지배하고 있었던 공손연(公孫淵)이 손권에게 사신을 파견해 복속하겠다는 뜻을 비친다.

이에 손권은 크게 기뻐하면서 답례로 공손연을 연왕(燕王)에 봉하고, 금은보화

4부 출사표

와 함께 장미(張彌)와 허안(許晏) 두 사람을 요동에 사신으로 보낸다.

승상 고옹*을 비롯한 많은 오나라 대신들이 공손연은 아직 믿을 만하지 못한데 총애와 대우가 지나치게 후하다고 간언하지만 손권은 듣지 않는다.

___

* 고옹(顧雍): 오나라의 정치가. 고옹의 이름이 고옹이 된 데에는 재밌는 일화가 있다. 고옹은 후한 시기의 대학자이자 뛰어난 글씨로 유명했던 채옹(蔡邕)의 제자였는데 채옹은 고옹의 매우 뛰어난 학문 성취에 그를 높이 평가하여 자기 이름을 주었다고 한다. 손권이 회계의 태수로 있을 때 그 아래에서 태수로서의 일을 대신했으며, 이후 승진을 거듭해 오나라의 승상 자리까지 올랐다. 고옹은 당시 정무에 맞는 것이 있으면 이를 비밀리에 보고하고, 자신이 간한 계책이 쓰이면 그 공을 임금에게 돌리고 쓰이지 않으면 간한 사실을 밖으로 내지 않았다고 한다. 손권은 이런 고옹을 매우 아꼈다.

특히나 장소가 결사반대 했는데, 손권은 칼을 어루만지면서 "내가 그대를 공경하는 것이 지극한데 수차례 중신들 앞에서 내 뜻을 끊으니 내가 계책을 말하기 두렵다."라고 말했다고 한다.

이 말을 들은 장소가 눈물을 보이자 손권은 칼을 내던지며 같이 울었다고 한다. 같이 울기는 했지만 끝내 손권은 고집을 꺾지 않고 공손연에게 사신을 보낸다.

이 당시 손권은 여일*이라는 인물을 총애하기 시작했는데 여일은 손권의 눈과 귀 역할을 하면서 주로 대신들을 사찰하는 일을 했다. 하지만 문제는 여일이 대신을 헐뜯는 것도 모자라 무고한 사람들을 모함하기까지 했다는 것이다. 이때부터 손권의 공포정치가 시작된다.

---

* 여일(呂壹): 오나라의 정치가. 손권의 밑에서 여러 관부의 문서를 교정하는 일을 했는데 성격이 가혹해 법을 매우 엄하게 집행했다고 한다. 이후, 손권의 총애를 등에 업고 기고만장해져 군신들의 죄상을 작은 일 하나조차 보고하며 대신들을 깎아내리는 등 각종 만행을 저질렀다. 고옹을 구금, 면직시키려 하다가 주변에서 '반준(潘濬)이 고옹의 뒤를 이어 승상이 되면 당신을 가만두지 않을 것'이라는 말을 듣자 당황하며 급히 고옹을 무죄 방면시켰다. 반준은 형주를 차례대로 지배한 유표, 유비, 손권을 모두 섬긴 인물로《정사 삼국지》를 편찬한 진수가 '사사로운 이익을 요구하지 않고 국가의 대사를 중히 여기던 인물'이라는 평을 남긴 사람이다. 여일이 고옹을 모함한 것과 더불어 한 사람을 죄행을 네 번이나 고발하는 등 마구잡이로 권력을 휘두르며 대신들을 모함하자 반준은 결국 직접 자리를 만들어 여일을 초대해 죽이려 했다. 그러나 이를 미리 알게 된 여일이 병을 핑계로 참석하지 않아 실패한다. 이후, 마침내 여일의 사악한 악행들이 밝혀져 손권은 그에 대한 대신들의 간언을 듣지 않은 스스로의 잘못을 인정하고 여일을 처형했다.

한편 요동에 도착한 오나라 사신 장미와 허안은 그새 마음을 바꾼 공손연에 의해 목이 잘리고, 공손연은 장미와 허안의 머리를 위나라에 보낸다.

위나라의 조예는 공손연에게 사신을 보내 그를 대사마로 임명했는데 공손연은 위나라의 사신을 접견하는 자리에서 욕설과 잡소리를 함부로 했다는 기록이 있다.

손권은 자기가 보낸 사신들이 공손연에 의해 목이 잘렸다는 소식을 듣자 격분하며 "짐의 나이가 60으로 세상사의 어려움과 쉬움을 맛보지 않은 것이 없었는데 근래에 쥐새끼에게 마

음대로 다루어지니 노기가 산과 같이 오르는구나. 친히 쥐새끼의 머리를 끊어서 바다에 던지지 않고는 다시 만국에 임할 낯이 없다. 설령 엎어지고 자빠지더라도 한스럽지 않으리라."라고 말했다 한다.

화가 머리끝까지 치솟은 손권이 군을 일으키려 하지만 많은 신하들이 위험한 일이라면서 필사적으로 반대해 겨우 그를 말릴 수 있었다.

한편 장소는 손권에게 자신의 말이 받아들여지지 않자 병을 핑계로 집에서 칩거하고 있었는데 손권은 이때 화를 내면서 장소의 집 문을 아예 흙으로 막아버린다.

장소가 경고했던 것처럼 공손연이 사신을 죽여버리자 손

권은 장소에게 사과하기 위해 그의 집을 찾아간다. 그러나 장소는 문을 닫고 나오지 않았다.

　손권은 장소에게 겁을 주어 집 밖으로 나오게 하려고 집에 불을 질렀는데 그래도 장소는 고집을 부리면서 나오지 않았다. 결국 장소의 아들들이 장소를 부축해서 밖으로 업고 나오자 그제야 손권은 자책하면서 장소에게 사과했다고 한다.

234년 2월, 제갈량은 3년의 침묵을 깨고 다시 한 번 북벌을 감행한다.

제갈량은 이번 북벌에 총력을 다해 10만의 병력을 동원했고, 번번이 군량 보급에 어려움이 있어 철수해야 했던 과거를 떠올려 유마*라는 운송기구를 만드는 등 군량 공급에 특히 많은 신경을 썼다.

----

* 유마(流馬): 제갈량이 제작한 운송용 기구. 짝을 이룬 운송기구였던 목우(木牛)와 더불어 흔히 '목우유마'라고 불린다. 목우는 바퀴가 하나인 짐수레, 유마는 바퀴가 네 개인 짐수레로 북송시대의 문신인 진사도(陳師道)가 저술한 《담총(談叢)》에 따르면 '촉나라에는 한 사람이 밀고 다닐 수 있는 작은 수레가 있는데 곡식 8석을 실을 수 있으며 앞쪽이 마치 소의 머리처럼 생겼다. 다른 것으로는 네 사람이 밀고 다닐 수 있는 큰 수레가 있는데 곡식 10석을 실을 수 있었다.'라고 적혀 있다.

유마

제갈량은 다소 예상 가능한 경로였던 오장원(伍丈原)이라는 지역에 진을 쳤는데 비슷한 시기에 손권이 10만의 군을 일으켜 위나라의 합비를 공격했기 때문에 위나라는 제갈량을 상대로만 병력을 온전히 집중시킬 수 없는 상황이었다.

사실 손권은 거의 매년 전략적 요충지였던 합비를 공격했다가 번번이 패퇴했는데, 이번에도 합비를 수비하고 있던 만총에게 막혀 군을 철수하게 된다.

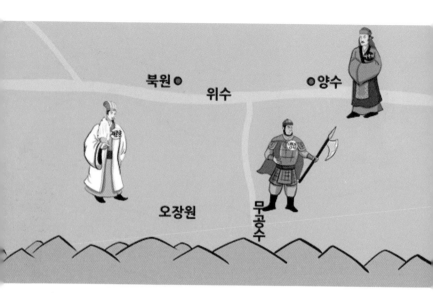

　제갈량이 북진했다는 소식을 들은 사마의는 군을 이끌고 오장원에 도착하고, 이로써 양군은 위수(渭水)를 경계로 서로 대치한다.

　제갈량은 맹염(孟琰)을 시켜서 무공수(武功水) 동쪽으로 진군하게 했는데 이때 사마의가 1만의 기병을 이끌고 공격해 온다. 제갈량은 무공수에 다리를 놓고 강 건너편에서 화살을 쏘아 응전하고, 사마의가 퇴각함으로써 제갈량은 무공수 동서에 발판을 마련한다.

북원

　사마의는 군사회의를 열어 제갈량이 어디로 진격할지를 논의했는데, 이때 곽회가 나서서 제갈량은 우리가 서쪽으로 가는 길을 끊기 위해 북원(北原)을 공격할 것이라 주장한다.
　곽회의 말대로 만약 제갈량이 위군의 길을 끊어버린다면 1차 북벌 때처럼 농서지역을 손에 넣게 되어 위나라 입장에서는 심각한 위기상황을 초래할 수 있었다.

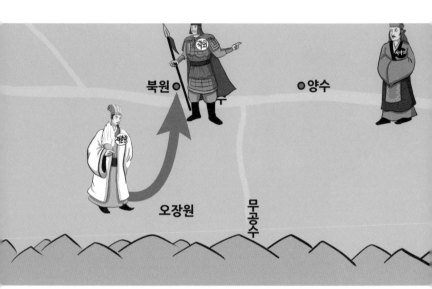

　곽회의 말이 옳다고 판단한 사마의는 그를 북원에 파견해 수비를 맡긴다. 그리고 곽회의 예상은 들어맞아 제갈량은 북원을 공격해온다. 곽회는 북원에 참호와 보루가 아직 덜 완성된 상황이었음에도 제갈량의 공격을 잘 막아내어 북원을 지키는 데 성공한다.

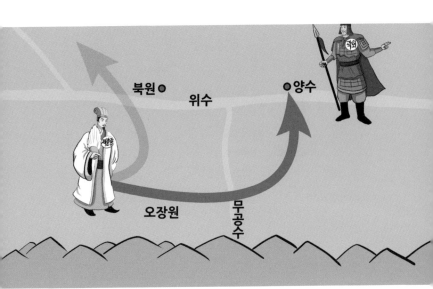

북원○   위수   ○양수

오장원   무공수

   며칠 후 제갈량은 다시 한 번 서쪽으로 진군하는 움직임을 보인다. 이를 알게 된 위나라의 장수들은 서쪽을 방어해야 한다고 말하지만 오직 곽회만이 "제갈량이 서쪽에 모습을 드러낸 것은 아군을 유인하기 위한 것이고 실제로는 분명 강 건너 양수(陽遂)를 공격할 것입니다."라고 말한다.

   이번에도 곽회의 말대로 제갈량은 밤을 틈타 양수를 공격한다. 위나라군은 곽회의 혜안 덕분에 준비를 단단히 하고 있었기 때문에 촉나라 군의 공격을 잘 막아낼 수 있었다.

곽회의 신들린 듯한 활약으로 공격이 연이어 실패하자 제갈량은 오장원에서 장기전을 대비하기 시작한다.

제갈량은 식량 공급을 원활하게 하기 위해 병사들을 시켜 아예 밭을 경작하게 했는데 병사들이 사사로운 이익을 구하지 않았기 때문에 주변에 거주하던 백성들이 편안히 생업에 종사할 수 있었다는 기록이 있다.

하지만 아무래도 장기전이 지속될수록 불리한 쪽은 촉이었기 때문에 제갈량은 위나라 군대를

전장으로 끌어내기 위해 사마의를 도발한다. 하지만 사마의
는 촉의 사정을 잘 알고 있었기 때문에 제갈량의 도발에 넘
어가지 않으며 전군에게 "성채를 단단히 하고 방어에만 힘쓰
라."라는 명령을 내린다.

한번은 촉의 사자가 사마의를 방문했을 때 제갈량이 어떻
게 생활하는지를 물은 적이 있는데, 사자는 "제갈공께서는
일찍 일어나 늦게 잠자리에 드시고 20대 이상의 형벌은 모두
직접 챙기십니다. 먹는 음식도 얼마 되지 않습니다."라고 답
한다. 이 말을 들은 사마의는 제갈량이 곧 죽을 것이라 예측
했다고 한다.

제갈량이 사마의에게 여자 옷을 보내는 등 도발을 계속하자 사마의는 격분하면서 조예에게 상소문을 올려 출진을 허락할 것을 청한다. 하지만 조예는 신비를 보내 사마의의 출진을 막는다.

이를 전해 들은 제갈량은 강유에게 "그는 본래 싸우려는 마음이 없었는데 굳이 출전을 청한 까닭은 자신의 군사들에게 보여주려는 것이다. 장수가 전장에 있을 때는 군주의 명이 있어도 받지 않는 법인데 우리를 능히 제압할 수 있다면 어찌 천리 길을 가서 굳이 결전을 청하겠는가."라고 말했다 한다.

한마디로 사마의는 조예로부터 '출진을 하지 말라'는 명령을 공식적으로 받아냄으로써 촉군과 싸우자는 다른 장수들과 병사들의 입을 막아버린 것이다.

234년 8월, 촉의 승상 제갈량이 병으로 세상을 떠난다. 이때 그의 나이 54세였다. 제갈량은 평소 워낙 검소했기 때문에 죽었을 때 남긴 재산이 거의 없었다고 한다.

《삼국지》의 저자 진수는 제갈량에 대해 "제갈량은 백성을 어루만지고 늘 스스로 본보기를 보였다. 충성을 다하고 보탬이 된 자는 비록 원수라도 반드시 상주고 법을 어기고 태만한 자는 비록 친한 자라도 반드시 벌주었다. 마침내 나라 안 모든 이가 그를 두려워하면서도 경애하고 비록 법이 준엄했으나 원망하는 자가 없었으니 이는 그 마음 씀이 공평하며 권하고 경계하는 것이 분명했기 때문이다. 그러나 여러 해 동안 군사를 움직였음에도 공을 이루지 못했으니 임기응변과 장수로서의 지략은 그의 장점이 아니었던 것 같다."라고 평했다.

제갈량은 죽기 전에 양의[*]와 비의^{**}, 그리고 강유를 불러 군을 철

수할 것을 지시하고 성도에 있는 장완을 자신의 후계자로 지목했다.

---

* 양의(楊儀): 촉나라의 관료. 형주 출신으로 관우에게 귀순해 유비 휘하로 들어갔다. 성격적으로 결함이 있어 특정 인물들과 부딪치며 좌천되는 일을 겪기도 했다. 유비가 죽은 뒤 제갈량이 다시 양의를 복직시켜 남만 정벌과 북벌에 함께 했다. 제갈량이 양의를 아꼈던 이유는 양의가 계획을 짜서 부대를 편성하는 일이나 양곡을 계산하는 일, 군수물자를 조달하는 일에 뛰어난 민첩함을 보였기 때문이었다고 한다. 손권은 양의를 '위연과 더불어 소인배'라고 평했으며, 진수는 '양의는 실무처리 능력이 뛰어났으나 유봉, 이엄, 위연 등과 함께 자세히 살펴보면 그들이 초래한 재앙은 스스로가 만든 것이나 다름없다.'라고 평했다.

** 비의(費禕): 촉한의 정치가. 어린 시절 아버지를 여의고 어머니의 조카인 족부의 후원 덕에 촉으로 유학을 갔다가 그곳에서 유비의 아래로 들어갔다. 성격이 선량하고 온후하여 다른 이의 의견을 경청할 줄 알았다고 한다. 많은 이들이 비의에게 고민을 털어놓았으며, 이런 성격 덕분에 양의와 위연이 사사건건 부딪치는 사이에서 둘이 각자의 임무에 충실하게끔 했다. 제갈량은 일부러 비의에게만 수레를 타게 할 정도로 그를 높이 대우해 주었고, 이로 인해 비의를 보는 사람들의 눈이 달라졌다고 한다. 제갈량은 오나라에 사신으로 비의를 보내었는데, 손권과 더불어 해학적인 말들과 비웃음, 변론을 펼치는 오의 신하들에게 한결같이 바른 말과 독실한 태도로 대답하여 누구도 비의를 말로 굴복시키지 못했다 한다. 이 일을 계기로 손권이 비의를 매우 귀하게 여겨 이후로도 비의는 오나라에 자주 사신으로 가게 되었다.

양의는 형주 출신으로 제갈량에게 실력을 인정받아 중용되고 있었지만 성격에 문제가 있어 불만이 많고 사람들과 원만하게 어울리지 못했다. 특히나 한 성격하는 위연과는 유난히 사이가 나빠서 한번은 위연이 칼을 빼들고 양의를 죽이려고 했는데 곁에 있던 비의가 말려서 겨우 살 수 있었다고 한다.

제갈량은 위연에게 적의 추격을 차단하라는 임무를 주었는데 이때 다른 이들에게는 "만약 위연이 철수를 거부하면 위연을 남겨두고 그대로 군을 출발시키라."라고 지시했다.

　한편 촉의 군대가 철수한다는 소식을 전해 들은 사마의는
군을 일으켜 이들을 추격한다. 하지만 강유와 양의가 군을
돌려 북을 치면서 공격할 태세를 갖추자 사마의는 섣부르게
공격하지 않고 물러난다.

촉군이 모두 철수한 뒤, 사마의는 제갈량의 머물렀던 진영
을 둘러보게 되는데 이때 "제갈량은 과연 천하의 기재."라면
서 감탄했다고 한다.

이후, 백성들 사이에서 죽은 제갈량이 살아있는 중달을 달
아나게 했다는 말이 떠돌자 사마의는 웃으면서 "나는 산 자
를 헤아릴 수는 있지만 죽은 자를 헤아려 대적할 수는 없다."
라고 말했다 한다.

    양의는 철군하기 전 비의를 시켜 위연의 의중을 떠보게 했는데 비의를 만난 위연은 "승상이 비록 죽었어도 나는 건재하오. 승상부의 가까운 관속들은 곧바로 상여를 운구해 되돌아가 장례를 치른다 하더라도 나는 응당 군을 이끌고 적을 공격해야 하오. 어찌 한 사람이 죽었다고 해서 천하의 일을 멈추라고 하시오? 더구나 나 위연이 어떤 사람인데 양의의 명령에 따를 수 있겠소."라며 철군을 거부했다고 한다.

    위연은 비의에게도 함께 남아서 싸우자 말하고, 비의는 자신이 양의에게 돌아가 설득한다면 양의가 감히 당신의 명을 거스르지 못할 거라고 답한다. 이 말을 들은 위연은 비의를 보내주어 비의는 위연으로부터 벗어날 수 있었다.

　비의를 통해 위연이 퇴각할 뜻이 없다는 것을 전해 들은 양의는 제갈량이 지시한 대로 위연을 남겨둔 채 군을 돌려 퇴각한다.

　비의가 떠나고 얼마 후, 위연은 비의에게 속았다는 것을 깨닫지만 이미 비의는 멀리 달아난 뒤였다.

위연은 자신의 군사를 이끌고 양의를 앞질러가서 촉으로 들어갈 퇴로를 모두 불태워 끊어버린다. 만약 이때 사마의가 공격해 들어왔다면 촉군은 궤멸에 가까운 피해를 볼지도 모를 만큼 위험천만한 상황이었다.

퇴로가 끊긴 양의는 곧바로 유선에게 표를 올려 위연이 반역해 위나라에 투항했다고 보고했는데, 위연 또한 유선에게 공문을 보내 양의가

반역했다고 알린다.

위연과 양의가 서로가 반역했다는 공문이 각각 성도에 도착하자 유선은 신하들에게 의견을 물었는데 장완을 비롯한 모든 신하들이 양의보다는 위연을 더 의심했다고 한다.

퇴로를 다시 만드느라 갖은 고생을 다한 끝에 양의는 남곡구(南谷口)에 도착했는데 이곳에는 그보다 먼저 도착한 위연이 양의와의 결전을 준비하고 있었다.

20장

조예의 죽음, 원소와 유표의 전철을 밟아가는 손권

　234년, 오장원에서 제갈량이 병사하자 완전히 사이가 틀어진 위연과 양의는 남곡구에서 결전을 준비하고 있었다. 하지만 양의가 이끌던 군의 지휘를 맡은 왕평이 앞으로 나서서 "제갈량이 죽어 그 시신이 아직 식지도 않았는데 너희 놈들이 감히 이처럼 구느냐!"라고 외치자 위연의 병사들은 위연을 배신하고 저절로 흩어졌다고 한다.

이 기록이 과장이 아니라면 평소 위연은 병사들의 신임을 사지 못했다는 사실을 알 수 있다.

군사들을 잃게 된 위연은 단지 아들 몇 명과 함께 한중으로 달아났는데, 양의는 마초의 사촌동생이었던 마대*를 보내 위연을 잡아 참수한다. 촉을 대표하던 장수 위연의 허망한 최후였다.

---

* 마대(馬岱): 촉나라의 장군. 마등의 조카이자 마초의 사촌동생. 《삼국지연의》에서와 달리 《정사 삼국지》에는 기록이 매우 적다. 마초가 죽기 전에 유비에게 '제 가문 사람은 모두 조조에게 몰살당해 오직 사촌동생 마대만이 남았습니다. 얼마 남지 않은 가문의 제사가 끊이지 않도록 잘 살펴주시길 간절히 부탁드립니다.'라는 유서를 남겼다고 한다. 이후, 북벌에 나섰던 제갈량이 병사하고, 위연이 양의에게 반기를 들었다가 한중으로 도망가 자 마대가 쫓아가 참했다.

위연이 위나라가 아닌 한중으로 도망갔던 걸 보면 애초부터 그는 촉을 배신할 생각보다는 양의만 제거하면 자신이 저절로 제갈량의 후계자가 될 수 있을 거라고 생각했던 것으로 보인다.

양의는 참수된 위연의 머리가 도착하자 발로 짓밟으면서 "하찮은 종놈아, 다시 못된 짓을 할 수 있겠느냐."라고 말했다고 한다. 그리고 촉으로 돌아가 위연의 3족을 멸함으로써 그동안 위연에게 쌓였던 분풀이를 한다.

하지만 양의 또한 그의 모난 성격 때문에 오래가지 못했다. 양의는 위연을 죽인 공으로 자신이 제갈량의 뒤를 이을 것이라 기대했지만 제갈량의 뜻에 따라 장완이 제갈량의 뒤를 잇게 되고 자신은 상대적으로 한직인 중군사에 임명되자 이에 불만을 품는다.

양의는 불만을 마음속에 숨기지 않아 원한과 울분이 말과 표정에 드러났으며 탄식하는 소리가 터져 나왔다고 한다.

비의가 양의를 위로하려고 그를 방문하자 양의는 "지난 날

승상 제갈량이 돌아가셨을 때 내가 만약 군을 이끌고 위나라에 갔다면 내 처지가 어찌 이처럼 추락했겠소! 후회해봤자 다시 어찌할 수 없소이다."라고 말했다 한다.

양의의 이 말은 분명한 반역의 뜻이었고 평소 친하게 지냈던 비의도 이 말을 듣자 그냥 넘어가면 공범으로 몰릴 수도 있는 상황이었기 때문에 양의의 말을 유선에게 보고한다.

결국 유선은 양의를 평민으로 폐하고 유배 보낸다. 그러나 양의는 유배지에서도 각지에 편지를 보내 불만과 비방을 멈추지 않았고, 진노한 유선은 양의를 벌주기 위해 그를 잡아오라는 명을 내린다.

양의는 체포되기 직전에 자살로 생을 마감했는데, 이는 그의 좁은 마음이 스스로의 죽음을 재촉한 것이나 마찬가지였다. 어찌 되었든 촉은 제갈량에 이어 위연과 양의라는 뛰어난 인재를 연이어 잃은 셈이 되었고, 한동안 대규모 북벌을 중단하게 된다.

　한편 제갈량의 북벌을 막아내며 군주로서의 훌륭한 면모를 보여주던 조예는 촉의 북벌이 일어나지 않게 되자 본격적인 사치를 부리기 시작한다.

　조예는 235년을 기점으로 낙양에 궁궐을 신축하는 등 많은 토목 공사를 진행했고 이 때문에 수많은 백성들이 고생했다는 기록이 있다. 이에 많은 신하들이 사치와 여자에 빠져 자멸했던 여러 군주의 예를 들어 궁을 지어서는 안 된다며 간언한다. 그러나 신하들의 간언을 들은 조예는 지으려던 궁 건축 계획을 본래의 크기보다 축소했을 뿐 공사 자체를 멈추지는 않았다.

　237년 요동의 공손연이 스스로 연왕이라 일컬으면서 위나라에 반기를 들자 조예는 관구검*과 사마의를 시켜 공손연을 토벌하게 한다.

---

* 관구검(毌丘儉): 위나라의 장수. 각종 지방관직을 역임하다 연나라와의 전쟁 이전부터 오환과 교섭해 국교를 맺는 등 활약했다. 공손연 토벌을 적극 건의하여 조예의 지시에 따라 선비족, 오환족을 이끌고 공손연을 공격했지만 장마철에 불어버린 강에 발이 묶였다가 철수한다. 이후, 공손연이 스스로 연왕이라 칭하자 조예는 사마의에게 4만의 대군을 주며 공손연을 토벌하게 하고, 관구검 역시 사마의의 군대에 편입되어 공손연을 정벌해 요동의 공손씨를 괴멸시켜 버린다. 후일, 고구려가 공격해오자 오환족, 선비족을 거느리고 고구려를 공격해 수도였던 환도성(丸都城)을 함락한다. 환도성을 함락한 뒤 부여로부터 군량을 받아내며 고구려의 동천왕(東川王)을 계속 몰아붙이지만 고구려의 장수 유유(紐由)와 밀우(密友)의 활약으로 고구려에서 철수했다. 훗날, 사마의의 아들 사마사(司馬師)가 위나라의 권력을 쥐고 좌우지하자 반란을 일으켰다가 실패하여 죽었다.

사마의는 조예에게 1년이면 충분히 공손연을 토벌하고 돌아올 수 있다며 호언장담했고, 과연 그의 말대로 1년이 안 되어 사마의는 공손연의 세력을 완전히 멸하고 돌아온다.

이렇게 요동지역을 완전히 점령한 위나라는 몇 년 뒤인 242년, 고구려를 상대로도 승리를 거두면서 북방을 안정시킨다.

한편 이 시기 오나라에서는 여일이 손권의 총애를 등에 업고 몇 년 동안 횡포를 부리면서 나라를 어지럽히고 있었다.

그리고 결국 보즐*이 손권에게 상소를 올려 그의 악행이 드러나게 되자 여일은 처형당한다.

정신을 차린
손권은 신하들
에게 그동안의
일을 사과하고
그들의 의견을
경청하는데, 이

때 육손은 "국가는 백성을 근본으로 삼으며 강성함은 백성들

---

* 보즐(步騭): 오나라의 정치가. 위정(衛旌)과 더불어 난세를 피해 강동으로 이주해 낮에는 오이 농사를, 밤에는 공부를 하며 생계를 유지했다. 이때 위정과 보즐은 그들이 살고 있던 회계 땅의 호족이었던 초정강에게 오이를 바치러 갔는데 초정강은 둘을 멸시했다. 위정은 초정강의 멸시에 치욕을 느껴 오이를 바치지 않고 돌아갔지만 보즐은 '여기 오기로 한 것부터가 절개를 꺾고 온 것'이라며 묵묵히 멸시를 받아내고 위정을 만류해 오이를 바쳤다고 한다. 오이를 받은 초정강은 이들에게 식사를 내주었는데 자신은 좋은 식사를, 위정과 보즐에게는 채소뿐인 식사를 내주었다. 위정은 치욕스럽다며 내준 음식을 거부했으나 보즐은 아무렇지 않게 음식을 잘 먹었다고 한다. 위정은 보즐에게 "넌 치욕도 느끼지 못하냐?"라며 화를 내자 보즐은 "지금 우리 처지가 빈천하니 그대로 대접받았을 뿐이다. 무엇이 그리 부끄럽냐?"라고 답했다 한다. 이후, 손권에게 등용되어 그의 아래에서 차츰차츰 승진을 거듭해 손권이 황제가 되었을 때 표기장군(驃騎將軍)과 기주목을 겸했다. 이때 육손을 대신해 국경을 진무하기도 했다. 여일이 횡포를 부려 수많은 신하들이 모함을 당하고 잡혀가자 직접 손권에게 상소를 올려 여일을 벌하도록 했다. 육손이 죽은 뒤에는 그 뒤를 이어 승상이 되었다.

의 힘에서 나오고 재력도 백성들에게서 나옵니다. 백성이 풍족한데 국가가 빈약하거나 백성은 빈약한데 국가가 강한 일은 일찍이 없었습니다. 바라건대 은혜를 베풀어 백성들을 안정되게 하고 구제하십시오. 이와 같이 하면 몇 년 사이에 국가의 재력은 조금씩 넉넉해질 것입니다."라고 말했다.

일전에 공손연을 토벌하고 있을 때, 사마의는 꿈속에서 황제 조예가 사마의의 무릎을 베고 누워 자신의 얼굴을 들여다보라고 말하는 꿈을 꾼다. 꿈속에서 사마의가 고개를 숙여 황제 조예의 얼굴을 들여다봤더니 평소와 달라 보여 불길하게 여겼다고 한다.

　위나라로 돌아온 사마의는 황제의 명령으로 다시 관중으로 향하고 있었는데, 백옥(白屋)이라는 곳에 이르렀을 때 다급하게 낙양으로 돌아오라는 황제의 친서가 사흘 동안 다섯 번 도착한다.

　편지를 받은 사마의가 크게 불안해하면서 서둘러 낙양으로 돌아가자 중병에 걸린 조예가 사경을 헤매고 있었다.

사마의는 눈물을 흘리면서 조예의 병세에 관해 물으니 조예는 어린 양자였던 조방(曹芳)을 눈으로 가리키며 "뒷일을 맡기오. 진즉에 죽으려는 것을 겨우 견뎠으니 내가 차마 죽지 못한 것은 그대를 기다린 것이오. 이제 서로 만났으니 아무 여한이 없소이다."라고 말한 뒤 239년 1월, 35세의 나이로 세상을 떠났다.

진수는 조예에 대해 "조예는 침착하고 굳세었으며, 결단력과 식견을 갖추었고, 백성들에게는 군주의 지극한 기개를 갖고 있었다. 하지만 왕업의 기틀을 다지지 않고 진시황이나 한무제를 모방하여 궁전을 지었으니, 나라를 다스리는 원대한 관점으로 헤아리면 이는 중대한 결함이었다."라고 평했다.

조예가 죽자 그의 양자였던 조방은 8세라는 어린 나이로 그 뒤를 이어 황제가 된다.

조방은 조예의 친아들이 아닌, 출신이 불분명한 양자라는 흠이 있었기 때문에 조방은 위나라 내에서 그 정통성에 대한 의심을 불러일으켰다고 한다. 사마의는 죽은 조진의 아들인 조상(曹爽)과 함께 새로운 황제 조방을 보좌하게 된다.

조상은 대장군을 지냈던 아버지 조진의 후광과 조예와의 친분 덕에 사마의와 권력을 나누어 받게 되었지만 수십 년간 공적을 쌓아온 사마의에 비하면 현저하게 무게감이 떨어지는 인물이었다. 하지만 조상에게도 사마의에게 뒤지지 않는 것이 있었으니, 바로 그의 권력욕이었다.

조상은 사마의 앞에서 자신을 낮추고 항상 아버지처럼 섬기면서 모든 일을 찾아가 자문을 구했다고 한다. 그리고 표를 올려 사마의를 자신보다 높은 직위인 태부(太傅)로 임명하게 한다. 하지만 태부는 명목상으로만 최고위 직분인, 천자의 교육을 담당하는 명예직이었다. 때문에 사실상 이 임명은 사마의를 한직으로 물러나게 만든 것과 마찬가지였다.

조상은 사마의를 권력에서 멀어지게 만들어 실권을 장악하고, 하후현[*]과 하안^{**}처럼 자신과 가까웠던 인물들을 요직에 임명하기 시작한다. 그렇게 요직에 조상의 사람들이 채워지면서 사마의는 점점 조상의 무리에 밀려나 영향력을 잃게 된다.

---

* 하후현(夏侯玄): 위나라의 문신. 조상의 사촌 형제이자 위나라의 명장 하후연의 조카. 사마사의 처남이기도 했다. 어려서부터 이름을 떨쳤으며, 조상이 전권을 쥐면서 본격적으로 승진함과 더불어 수많은 인재들을 발탁했는데 이들이 모두 훌륭한 업적을 남긴 덕에 큰 명성을 얻었다. 그러나 조상의 섣부른 촉 정벌에 함께 했다가 촉의 비의에게 패하여 웃음거리가 되기도 했다. 사마의가 조상을 제거하고 위의 전권을 잡은 뒤에도 언제든 제거될지 모르는 위험을 감수하며 조씨 가문에 대한 충성을 지켰다. 결국 사마사를 토벌하려다가 발각되어 처형당했다.

** 하안(何晏): 위나라의 정치가. 하태후의 오라비였던 대장군 하진의 손자이자 조조의 양자이기도 했다. 십상시의 난으로 하씨 집안이 풍비박산 난 와중에 어머니와 함께 목숨을 건졌다. 이후, 어머니가 조조와 재가한 덕에 조조의 양자가 되었으며, 조조의 딸과 결혼하여 왕의 사위를 뜻하는 부마(駙馬)가 되었다. 어린 시절부터 영특했으나 거리낌 없고 좋지 못한 성정으로 인해 조비와 조예는 하안을 중용하지 않았다. 특히나 하안은 조조의 양자라는 지위를 등에 업고 심한 허세를 부렸기 때문에 조비나 조예 모두 그를 탐탁지 않게 여겼다고 한다. 조방과 더불어 권력을 잡게 되자 자신의 세력에 찬성하는 이들은 승진시키는 반면 거스르는 자는 파면시키는 만행을 저질러 관료들의 불만을 사다가 사마의에 의해 조상의 일파들과 더불어 처형되었다.

241년, 위나라의 황제 조예가 죽고 어린 황제가 즉위한 틈을 타 손권은 위나라를 침공한다.

오나라는 전종에게 수만의 병력을 주어 합비 방면을 공격하게 했고, 동시에 제갈각(諸葛恪)에게는 육안(六安)을, 주연은 번성을 공격하게 하는 등 세 방면에서 위나라를 압박한다.

　제갈각은 제갈량의 형인 제갈근의 장남으로 죽은 제갈량의 조카이기도 했는데, 뛰어난 재능을 가진 반면에 사치를 즐겼으며 성품이 거친 인물이었다.

　제갈각은 가끔 재치 있는 언변으로 손권을 즐겁게 했는데 한번은 손권이 제갈각에서 그대 부친인 "제갈근과 숙부인 제갈량 중에서 누가 현명한가?"라고 묻자 제갈각은 자신의 아버지가 더 뛰어나다고 답한다.

　손권이 그 이유를 묻자 제갈각은 "신의 부친은 섬길 곳을 알지만 숙부는 모르기 때문에 뛰어난 것입니다."라고 말했는데, 이는 곧 자신의 아버지는 촉이 아닌 오를 섬기기에 현명하고 숙부는 오나라가 아닌 촉을 섬기고 있으니 아비보다 현명치 못하다는 말이었다. 이 말을 들은 손권은 크게 웃으며 기뻐했다고 한다.

위나라를 세 방향으로 공격해 들어간 오나라의 초반 기세는 대단해서 승전보가 연이어 들려왔다고 한다. 결국 위기감을 느낀 조상은 어쩔 수 없이 사마의를 찾아가게 된다.

사마의는 왕릉*에게 군을 주어 전종과 싸우게 하고 자신은 번성을 공격하고 있었던 주연군과 대치한다.

---

* 왕릉(王凌): 위나라의 장군. 동탁을 죽이는 데 큰 공을 세웠던 사도 왕윤의 조카이기도 하다. 왕윤이 동탁을 죽인 뒤, 이각과 곽사가 동탁의 원수를 갚는다며 왕윤 일가를 학살할 때 친형과 더불어 탈출에 성공했다. 이후, 병주에서 발탁되어 관직을 하던 중 조조에게 부름을 받아 그의 휘하로 들어갔다. 선을 베풀고 악을 징벌하는 등 백성들로부터 칭송받는 정치가였으며, 맡는 임지마다 군민들의 환심을 샀다고 한다. 조비가 황제에 오른 뒤, 장료와 더불어 광릉에서 손권을 공격하여 많은 적을 베고 사로잡는 등 공을 세웠고, 이후 주방에게 속은 조휴를 구하기도 하는 등 오나라와의 전투에서 활약했다. 조방이 왕위에 오른 뒤, 조상을 제거한 사마의가 왕릉을 태위에 앉히는 등 대우했으나, 왕릉은 조카와 더불어 조방을 폐위하고 조조의 아들 중 하나였던 조표(曹彪)를 옹립하려고 했다. 결국 이를 알게 된 사마의가 왕릉 토벌군을 꾸리자 직접 사마의에게 출두하러 가던 중에 독을 마시고 자결했다고 한다.

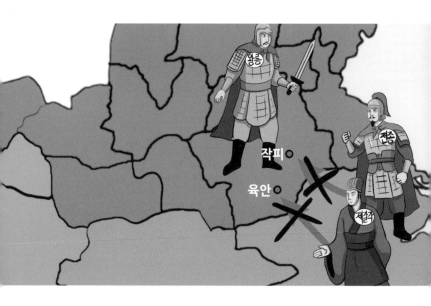

　작피(芍陂)에서 전종과 격돌한 왕릉은 승리를 거두고, 이로
인해 전종과 더불어 육안을 공격하던 제갈각도 공격을 포기
하고 퇴각한다.

4부 **출사표**

　번성을 포위해 공격하던 주연은 번성을 구원하러 온 사마
의를 상대로 물러나지 않으며 싸우고 있었는데 후방에서 지
원하고 있었던 제갈근이 갑자기 병사하고, 오나라의 수도인
건업에서 황태자였던 손등(孫登)이 33세의 젊은 나이에 사망
했다는 소식을 듣자 군을 돌려 퇴각하게 된다. 이로써 오나
라의 위나라 침공은 다시 한 번 실패로 끝난다.

　　오나라의 황태자였던 손등은 생전에 젊은 나이였음에도 수많은 사람들에게 존경을 받을 정도로 인품이 훌륭하고 총명했기 때문에 손권의 뒤를 이어 훌륭한 군주가 될 자질이 충분했다고 전해진다.

　　손권은 이른 나이에 죽어버린 아들 손등의 죽음을 크게 슬퍼해서 이후로 아들에 관한 이야기만 나오면 눈물을 흘렸다고 한다. 그리고 이 손등의 죽음은 뒤이어 오나라에서 벌어지는 후계자 다툼의 시발점이 된다.

　　손등이 죽자 그 뒤를 이어 손권의 둘째 아들인 손화(孫和)가 황태자가 되었는데 사실 손권은 서자출신인 넷째 아들 손패(孫霸)를 총애하고 있었다.

242년 8월, 손권은 넷째 아들 손패를 노왕(魯王)에 책봉한다. 게다가 황태자 손화와 노왕 손패를 같은 궁궐에 살게 했는데, 위아래의 서열을 구분하지 않아 혼란을 초래하게 된다.

손권의 이러한 행동은 결국 대신들마저 손화를 지지하는 파와 손패를 지지하는 파로 나뉘게 만든다. 승상 육손과 제갈각이 태자 손화를 따른 반면에 보즐과 전종 등은 노왕인 손패를 따랐다. 보즐은 앞서 손권에게 상소를 올려 여일을 처벌하게 한 인물로 인망이 높았었는데 의외로 어리숙한 면모도 있었다.

　한번은 보즐이 위나라에서 투항한 장수가 '위나라가 장강에 모래주머니를 쌓아 메우고 진격할 계획'이라고 한 말을 그대로 믿고 손권에게 보고했다. 그러자 손권은 "만약 그 말이 사실이라면 소 수천 마리를 주겠다."라면서 어이없어 했다고 한다.

　이후, 보즐이 손권에게 한 말을 들은 제갈각은 "보즐의 글을 읽을 때마다 웃음을 참지 못했습니다. 장강은 천지개벽과 함께 태어났는데 어찌 모래주머니 따위로 막을 수 있겠습니까."라고 말했다고 한다.

　대신들이 손화를 지지하는 파와 손패를 지지하는 파로 나뉘자 손권은 "아들들이 이렇게 서로 싸우고 신하들도 나누어지니 장차 원소의 원씨 집안 꼴이 되어 천하의 웃음거리가 되겠소. 만약 한 사람을 세워놓게 된다면 어찌 혼란이 일어나지 않겠소?"라며 탄식했다고 한다.

　배송지는 이에 대해 "원소와 유표는 원상과 유종이 더 뛰어나다고 여겨 애초부터 그들을 후계자로 삼을 생각이었지만 손권은 손화를 이미 후계자로 삼은 상황에서 손패를 총애하니 앉아서 분란을 일으킬 실마리를 낳은 것과 같다."라고 평해놓았다.

　즉, 손권의 어리석음과 우유부단함이 오히려 원소와 유표보다도 더 심하니 그들과 손권은 비교 대상조차 안 된다는 의미였다.

한편 비슷한 시기에 촉도 오나라의 위나라 침공에 호응하여 공격을 준비하고 있었다.

촉의 대사마였던 장완은 육로가 아닌 강을 따라 위흥(魏興)과 상용(上庸)을 공격할 계획을 세우고 많은 배를 만들었는데, 공격을 실행하기 전에 장완의 병세가 심해지는 탓에 계획을 철회하게 된다.

이후, 병에 걸린 장완이 회복할 기미를 보이지 않자, 결국 비의가 장완의 뒤를 이어 촉의 대장군이 된다.

244년, 위나라에서는 조상이 독단으로 촉을 침공할 계획을
세우고 있었다.

사마의를 밀어내고 실세가 된 조상이었지만 아직 이렇다
할 전공이 없었기 때문에 위기 상황이 닥쳤을 때 대신들의
지지를 받지 못할까봐 평소 걱정해왔던 것으로 보인다.

　사마의의 만류에도 불구하고 조상은 자신이 직접 군을 이끌고 촉을 침공한다.

　이때 조상이 동원한 군은 10만이었으며, 제갈량을 상대로 큰 공을 세웠던 곽회뿐만 아니라 하후현과 하후패*, 그리고 사마의의 차남인 사마소(司馬昭) 등이 조상을 보좌했다.

---

*　하후패(夏侯霸): 위나라에서 촉나라로 귀순한 장수. 위나라의 맹장으로 이름 높은 하후연의 차남이다. 본래 아버지 하후연을 죽인 촉을 매우 증오했다. 그러나 사마의가 조상을 죽이며 위나라의 전권을 잡자 그와 두터운 친분을 갖고 있던 하후패는 신변에 위협을 느껴 촉나라로 망명한다. 촉나라에서는 장비의 부인이 하후패의 사촌 여동생이었기 때문에 촉으로 귀순한 하후패는 조운이 살아있을 때 받던 대우만큼이나 좋은 대우를 받았다고 한다. 이후, 하후패는 강유와 더불어 고락을 같이 하며 위나라의 공세를 막았다.

조상은 군을 세 갈래로 나눠 촉으로 진격했는데 조상과 하후현이 이끄는 6만의 본진은 낙곡도(駱谷道)로, 곽회가 지휘하는 3만 군대는 기산로(祁山路)로, 그리고 죽은 하후연의 아들 하후패가 이끄는 1만은 자오도(子吾道)로 진격했다.

홍세산

이를 상대로 한중에서는 단 3만의 병력이 주둔하고 있었지만 촉에는 백전노장인 왕평이 있었다.

왕평의 부장들은 적의 수가 많은 것을 걱정하면서 성으로 들어가 원군을 기다리자고 주장했지만 왕평은 오히려 낙곡도의 입구에 있는 험준한 산이었던 흥세산(興勢山)에서 진을 치고 위나라 군을 기다린다.

21장

육손을 죽이는 손권,
사마의 움직이다

　　244년, 조상은 군을 세 갈래로 나눠 촉으로 진격한다. 사마의는 그런 조방에게 "한중은 지세가 험한 데다 촉이 한중을 점거하고 있는 상황에서 퇴로까지 막힐 수 있다."라면서 출진을 반대했지만 전공을 세우기에 급급했던 조상은 촉나라 공격을 강행한다.

홍세산

위나라의 10만 대군에 맞서 촉나라에서는 왕평이 지휘하는 3만의 병사가 한중을 수비하고 있었다.

왕평은 안전하게 후방에 머물면서 성을 방어하는 대신 부장 유민*과 함께 낙곡도 입구에 있는 홍세산에 진을 친다.

---

* 유민(劉敏): 촉나라의 신하. 제갈량의 뒤를 이어 촉의 1인자가 되었던 장완의 외종동생. 위나라가 쳐들어오자 왕평과 더불어 성안에서만 수비하지 않고 홍세산을 점거하며 나선 유일한 인물이다.

　왕평은 먼저 지역 유민들을 시켜 100여 리에 걸쳐 수많은 기를 꽂아 실제보다 많은 병력이 수비하고 있는 것처럼 보이게 한다. 그리고 왕평 본인은 단지 1,000여 명의 병사만을 데리고 낙곡도의 출구에 있는 황금곡(黃金谷)에서 위나라 본진을 맞이한다.

　조상의 본진은 낙곡도를 따라 남하했는데 산세의 험준함
이 상상을 초월해서 병사들과 수송대가 많은 고생을 했다고
한다. 진군하는 과정에서 소와 말, 노새와 나귀가 다수 죽었
으며, 백성들과 이민족들이 도로에서 울부짖었다는 기록이
있다.

　천신만고 끝에 낙곡도 출구에 도착한 위나라 군은 이번에
는 가파른 고지에 이미 방어진을 구축하고 있던 왕평을 상대
해야 했는데, 그 뒤로 셀 수 없을 정도로 펼쳐진 깃발들을 보
고 어떻게 싸워야 할지 막막한 심정이었을 것이다.

그러나 마침 동쪽에서 하후패의 1만 군사가 험준하기로 유명한 자오곡을 통과해 흥세산을 포위한다.

북쪽에서 내려오는 조상의 본진을 상대로 선전하고 있었던 왕평이었지만 남쪽에서 하후패가 협공해온다면 전세는 위나라 쪽으로 기울 가능성이 높은 상황이었다.

　하지만 위나라군의 예상과 달리 촉나라 군사들은 성안에서 기다리는 대신 하후패를 요격했다. 성을 지키고 있던 촉나라 군사들보다 상대적으로 적은 병력을 소유한 데다 안 그래도 자오곡을 통과하느라 지쳐 있던 하후패의 군대는 촉군의 상대가 되지 못한다.

　특히나 하후패의 경우 촉을 상대로 한중을 수비하다 전사한 하후연의 아들이었기 때문에 촉나라 군사들에게 있어서 그는 높은 상징성을 가진 인물이었다. 이런 이유 때문에 하후패는 촉나라 군사들의 표적이 된다.

　하후패는 몸소 나서 전투를 벌여야 하는 상황까지 몰리게 되지만 위기의 순간에 구원병이 도착한 덕분에 겨우 몸을 빼낼 수 있었다.

한편 서쪽에서는 전장의 경험이 많은 곽회가 3만의 군을 이끌고 기산도를 통과해 기산도 출구에 있는 양평관에 도착한다. 하지만 눈치 빠른 곽회는 전체적인 형세가 불리하다고 판단하자 곧바로 퇴각을 결정한다. 결과적으로 곽회는 촉나라로 쳐들어간 위나라 군대들 중 가장 그 피해를 최소화하여 돌아온다.

이러한 현명한 처사로 인해 곽회는 위나라로 돌아왔을 때 벌을 받는 대신 공을 인정받았다고 한다. 그리고 이 와중에

조상이 이끄는 6만 군사들의 본진은 왕평을 상대로 고전에 고전을 거듭하고 있었다.

시간이 흐를수록 점점 피해가 쌓여 가자 부관들 사이에서는 불만이 늘어나기 시작했다. 하지만 조상의 입장에서는 아무런 공도 세우지 못한 상황이었기 때문에 쉽게 퇴각을 결정할 수가 없었다.

퇴각을 결심하지 못한 채 시간만 보내던 조상은 남쪽에서 비의와 강유가 이끄는 촉나라의 증원군이 도착하고, 하후현이 사마의의 경고를 상기시키며 후퇴할 것을 권유하자 그제야 군을 돌려 퇴각한다.

　그러나 때는 너무 늦어서 사마의가 말했던 것처럼 촉나라의 비의가 미리 낙곡도 여러 곳에 군을 매복해두어 위나라 군대의 퇴로를 차단한 상태였다. 이로 인해 위나라 군대는 전멸에 가까운 처참한 피해를 보게 된다. 이때 위나라 군사가 너무 많아서 전쟁 병력과 물자를 조달하던 관중 지역은 텅 빈 상태가 됐다고 한다.

　조상은 겨우 목숨을 건져 돌아올 수 있었지만 공을 세우기는커녕 무리한 공격으로 궤멸적인 패배를 당함으로써 그 권위가 바닥으로 곤두박질치게 된다.

　위나라가 낙곡에서 당한 이 패배는 조상의 권위를 실추시킨 것뿐만 아니라 오히려 서로의 입장이 역전되어 위나라가 촉나라를 향한 공세를 멈추게 된다.

　4년 후인 248년, 촉을 승리로 이끈 일등공신이었던 왕평이 세상을 떠난다.

　진수는 왕평에 대해 "왕평은 이민족에게서 자란 탓에 손으로 글씨를 쓰지 못했다. 아는 글자가 10자를 넘지 못해 입으로 말한 것을 다른 사람이 받아 적게 하였으나 그럼에도 글이 조리가 있었다. 사람을 시켜 사기와 한서를 읽게 하고 귀로 들었는데 그 내용과 속뜻을 모두 알아 종종 논하여 말할 때는 그 요지를 잃지 않았다. 행동은 법도를 지키고 농담을 하지 않았으며 아침부터 저녁까지 바르게 앉아 하루를 보내니 정숙하여 무장의 모습이 아니었다. 그러나 타고난 성격이 상대를 가리지 않고 거침없이 말한 탓에 많은 이들이 그가 타인을 깔본다고 여기게 되어 이 때문에 명예가 깎이게 되었다."라고 평했다.

같은 시기, 오나라에서는 손화와 손패를 두고 후계자 다툼이 한창이었다. 그리고 이 후계자 다툼의 중심에는 손노반*이 있었다.

손노반은 손권의 딸로 처음에는 주유의 장남 주순**과 결혼했다가 남편이 사망하자 전종과 재혼한 인물이었다.

---

* 손노반(孫魯班): 오나라의 공주. 손권의 딸이다. 주유의 아들인 주순에게 시집가지만 주순이 요절하여 전종과 재혼했다. 어머니가 죽은 뒤, 손권이 손화를 황태자로 세움으로써 손화의 어머니였던 왕씨가 황후에 오를 것 같자 이를 손권에게 참언하여 왕씨가 황후가 되지 못하도록 했다. 이로 인해 손화, 왕씨와 사이가 틀어졌다. 오나라에서 10여 년간 벌어진 정치투쟁이자 오나라 멸망의 핵심과도 같은 '이궁의 변(二宮之變)' 당시, 손노반은 손패파에 가담하여 손권이 손화를 황태자에서 폐하게 만들고 자살하도록 했다. 이후, 병에 걸린 손권이 손화의 무죄를 깨닫고 그를 다시 부르려 하자 손노반은 이를 강력하게 반대해 결국 손권은 손화를 부르지 않았다. 손패가 죽은 뒤, 손권이 총애하기 시작한 막내 동생인 손량에게 남편의 종형이 데리고 있는 딸을 결혼시켰다. 손권이 죽고 손량이 즉위하자, 손량을 대신해서 실권을 쥐었던 손량의 7촌 조카인 손준과 간통한다. 손량은 손권이 말년에 어린 궁녀로부터 얻은 막내아들이었기 때문에 손준은 손량의 7촌 조카였음에도 손량보다 스물네 살이나 많았다. 이후, 손준을 죽이려는 암살시도가 있었는데 손노반은 친여동생인 손노육이 손화를 폐위시키는 일에 반대했던 것을 떠올려 같은 죄목으로 모함했다. 결국 친여동생을 죽였고, 이후 손준이 죽은 뒤 손량이 손노육에게 거짓 죄를 씌워 죽인 것을 추궁하자 도리어 손노육의 아들들을 모함하여 처형되게 만들었다. 이후, 손준이 죽으며 뒤를 맡긴 손침이 오나라의 권력을 틀어쥐자, 손량과 더불어 그를 제거하려다가 발각되어 유폐되었다.

** 주순(周循): 오나라의 가신. 주유의 장남. 손노반을 아내로 맞이하며 손가의 사위가 되었다. 주유의 풍모가 있었다는 기록으로 보아 외모가 뛰어났던 것으로 추측된다. 그러나 일찍 요절한 탓인지 이 이상의 상세한 기록은 딱히 남은 것이 없다.

손노반은 태자 손화의 어머니인 왕씨와 앙숙이었기 때문에 손화가 황제가 되면 자신에게 화가 미칠까 두려워 틈만 나면 아버지 손권을 찾아가 손화와 왕씨에 대한 비방을 했다.

딸 손노반을 절대적으로 신뢰하고 있었던 손권은 손노반의 말만 믿고 손화를 의심하기 시작한다.

육손은 이 상황을 안타깝게 여기면서 여러 번 손권에게 상소를 올려 "태자는 정통이므로 마땅히 반석같은 견고함이 있어야 하고 손패는 신하이므로 총애와 대우에 있어 차이

가 있도록 해야 합니다. 두 사람이 피차 각각의 위치에 있어
야만 윗사람과 아랫사람이 안녕을 얻을 수 있습니다. 간절하
게 머리를 부딪혀 피를 흘리며 저의 의견을 진술합니다."라
고 상소를 올렸다고 한다.

육손 외에도 오찬*과 고담**등이 같은 의견의 상소를 올렸
지만 손권은 듣지 않았다.

---

* 오찬(吾粲): 오나라의 무장. 손책의 양자였던 손하(孫河)의 아래에서 일하다 손권의 휘하
  에서 태수직까지 올랐다. 이후, 승진을 거듭해 황태자 손화의 태부가 되었고 후계자 다
  툼이 벌어지게 되자 적자와 서자의 구별을 명확하게 할 것을 주장하며 손화의 편에 섰
  다. 손패의 측근이었던 양축이 손권에게 오찬을 참언하여 육손과 후계자와 관련된 편지
  를 주고받은 일을 빌미로 하옥, 주살 당했다.

** 고담(顧譚): 오나라의 정치가. 고담은 장부를 살필 때면 당시 계산기인 주산을 쓰지 않고
  도 손가락과 마음속 셈만으로 의심스럽거나 잘못된 곳을 모두 찾아냈다고 한다. 고담이
  한창 손권의 신임을 받고 있을 때, 손권의 조카딸이 고담의 할아버지였던 고옹의 조카
  에게 시집을 가게 되었다. 손권은 고옹과 고옹의 아들, 그리고 손자였던 고담을 자리로
  불렀는데 손권은 매우 즐거워했다. 이 자리에서 고담이 세 번이나 춤을 추었는데 그 춤
  이 그칠 줄 모르는 것을 보며 고담의 할아버지였던 고옹은 매우 분노했다. 고옹은 "신하
  는 공손하고 삼가는 것을 절의로 삼아야 한다. 너는 가문을 등에 업어 총애와 은혜를 입
  게 된 것뿐인데 겸허해도 부족할 것을 그칠 줄 모르고 춤을 추었으니 장차 우리 집안을
  망칠 것이다."라며 꾸짖었다고 한다. 고옹이 죽은 뒤, 그의 자리를 대신하게 된 고담은
  황태자인 손화와 서자인 손패가 같은 대우를 받자 이를 절도대로 할 것을 상소해 손패
  와 사이가 멀어졌다. 이후, 위나라에서 쳐들어온 왕릉을 막아내는 등 활약했으나 손패를
  지지하던 전종의 일족은 더욱 고담을 시기하게 되어 결국 교주로 유배당했다. 유배당할
  때, 고담의 집에는 사사로이 모은 것이 없어 재산이랄 것이 없었으며, 부리던 노비 역시
  10명이 되지 않았다고 한다. 고담은 유배된 뒤 《신서(新書)》 20편을 지었으며, 유배당한
  지 2년 만에 세상을 떠났다.

육손은 또한 전종에게 편지를 보내 전종의 아들 전기가 노왕 손패파에 붙어 권력다툼을 벌이는 것을 안타까워하면서 이 일로 인해 전종의 가정에 재앙이 이를 것이라고 경고한다. 하지만 도리어 이 일로 전종과의 사이만 멀어지게 된다.

전종의 일족이 중심이 된 손패파는 손화파 인물들에 대한 모함에 열을 올렸고, 판단력이 흐려진 손권은 이들의 말을 그대로 믿게 된다.

손노반은 병에 걸린 손권을 찾아가 손화의 어머니 왕부인이 손권이 병으로 누워 있는 것을 보고 기뻐한다는 거짓말을 하고, 이를 들은 손권은 크게 화를 낸다. 이 이야기를 전해 들은 왕부인은 근심이 깊어져 죽었다고 기록되어 있는데 아마 스스로 목숨을 끊었던 것으로 보인다.

손패파는 손화파 대신들에 대한 비방을 멈추지 않았고, 그 결과 고담은 유배되고 장휴*와 오찬은 목숨을 잃는다. 뿐만 아니라 오나라의 든든한 기둥 역할을 하던 육손마저 손패파였던 양축**의 모함을 받아 손권에 의해서 파면된다.

---

* 장휴(張休): 오나라의 관료. 장소의 차남이기도 하다. 사람됨이 해박하고 달통했으며, 손화 이전에 황태자였지만 요절한 손등과는 학우이자 그의 선생이었다. 아버지 장소가 죽은 뒤, 그 작위를 이어 받았으며, 고담의 동생인 고승(顧承)과 함께 오나라로 쳐들어온 왕릉의 위나라군을 막고 물러나게 했다. 이때의 논공행상에서 손패를 지지하던 전씨일가를 제치고 더 높은 공을 인정받아 상을 받자 전씨 일가는 이를 원망해 장휴를 고승과 더불어 모함한다. 결국 장휴는 고담, 고승과 더불어 교주로 유배되어 죽었다.

** 양축(楊竺): 오나라의 인물. 육손을 죽게 만든 장본인이다. 오나라에서 후계자 다툼이 벌어지자 전씨 가문과 함께 하며 손패를 위해 온갖 극악한 짓을 벌였다. 오찬을 처형하게 만들었으며, 고담과 고승, 장휴를 유배 보내고, 20가지의 이유를 만들어 육손을 고발했다. 이로 인해 육손은 파면되어 죽었다. 말년에 노망기를 보인 손권에게 손패를 후계자로 세우겠다는 약조를 받아내지만 손권의 측근이 이 일을 손화와 육손에게 알리고, 육손이 이를 강력하게 진언하여 없던 일이 되었다. 이 일을 빌미로 손권이 자신의 사적인 이야기들이 양축으로 인해 세어나간 것이라 생각하게 되어 양축을 심문한다. 양축은 손권의 심문을 받자 육손의 동족이었던 육윤을 모함하는데, 육윤은 고문을 받다가 "양축이 얘기해주었다."라고 말하여 손권은 양축을 다시 고문한다. 결국 양축이 고문을 이기지 못하고 자기가 그랬다 거짓 시인하니 손권은 그럴 줄 알았다며 양축을 죽이고 시체를 강에 던졌다고 한다. 이 양축과 양축의 형인 양목(楊穆)에 대해 재밌는 일화가 있는데, 일찍이 양축을 보게 된 육손은 그의 형인 양목에게 양축과 갈라서 따로 가문을 세우라고 충고했다 한다. 양목은 육손의 말에 따라 따로 가문을 세웠는데, 덕분에 양축이 손권의 손에 죽었을 때 남쪽으로 유배를 가는 정도로 그 벌이 그쳤다고 한다.

　손권은 여기서 그치지 않고 사자를 파견해 육손을 자주 질
책했는데, 마치 그를 범죄자처럼 다뤄서 육손은 추궁당할 때
마다 많은 스트레스를 받았다고 한다.

　245년 2월, 결국 분노와 통탄으로 고통스러워하던 육손은
63세의 나이로 세상을 떠나게 된다. 그가 죽었을 때 집에 남
은 재산이라고는 아무것도 없었다고 한다.

　진수는 육손에 대해 "육손은 나이가 젊었을 때는 위세와 명성이 드러나지 않았지만 항상 뜻대로 적군을 공격하여 승리를 거두지 않은 적이 없었다. 나는 육손의 모략을 높이 평가하며 또 손권이 인재를 식별하였기 때문에 대업을 성취한 것을 찬탄한다. 육손은 충성스럽고 간절하며 지극하여 국사를 걱정하다 죽었으니 국가의 신하라고 할 만하다."라고 평가했다.

　진수의 말처럼 손권이 중용해준 덕분에 육손이 재능을 펼칠 수 있었지만 그를 죽음에 이르게 한 것 또한 손권이었다.

육손이 죽자 육손의 차남 육항*이 그의 뒤를 이었는데 손권은 아버지를 잃은 육항을 위로하기는커녕 양축이 아버지 육손에 대해 고발한 20가지 건을 가지고 육항을 문책했다. 하지만 20세라는 젊은 나이에도 불구하고 육항은 손권의 문책에 조리 있게 답변했고, 이에 손권의 의심은 풀렸다고 한다.

---

* 육항(陸抗): 오나라 최후의 명장. 육손의 차남이다. 육손의 부인이 손책의 딸이었기에 손책의 외손자이기도 하다. 형이 요절한 탓에 육손이 죽자 그 뒤를 이어받았다. 육손이 죽은 뒤, 손권은 육손이 고발당한 20여가지를 힐문했는데, 이때 침착하게 조목조목 대답하여 손권의 의심을 가라앉혔다. 결국 후일 손권은 육항을 잡고 "내가 지난 날 중상모략을 믿고 그대 부친의 신의를 저버리고 말았다. 그대에게 의심을 품은 것이 실로 부끄러우니 그동안 책망했던 모든 서찰들을 태우고 없던 일로 해주었으면 한다."라 말하며 울었다고 한다. 이후, 육항은 각종 장군직을 지내며 형주 일대를 지켰다. 촉나라가 멸망한 뒤, 위나라를 이어받은 진나라가 세워진 뒤에도 오나라의 대들보로 국방을 잘 수호했으나 병으로 죽었다.

　한편 위나라에서는 여전히 권력을 쥐고 있던 조상이 하안, 등양[*], 이승^{**} 등과 함께 법을 마음대로 고치면서 전횡을 부리고 있었다.

---

* 등양(鄧颺): 위나라의 관료. 조예에게 등용되어 벼슬을 살았으나 조예가 사치스러운 것을 금했음에도 이를 지키지 않아 관직에서 내쫓겼다. 이후, 조예가 죽고 조상이 권력을 잡게 되자 그의 일파였던 덕에 다시 관직에 올랐다. 재물을 좋아하여 내직에 있을 때 장애(臧艾)란 이에게 높은 관직을 주고 장애 아비의 첩을 받기도 하는 등 재물을 받고 관직을 주는 임용을 여러 번 저질렀다. 사마의가 '고평릉의 변'으로 권력을 잡게 되자 조상의 일당 중 하나로 체포되어 3족이 주살되었다.

** 이승(李勝): 위나라의 관료이자 조상의 심복. 풍아하며 재치가 있어 조상과 친했다. 사치스러운 것을 금했던 조예의 말을 듣지 않아 등양과 더불어 관직에서 쫓겨났다. 조예가 죽은 뒤 조상의 심복으로 다시 관직에 올랐다. 조상에게 촉나라를 정벌할 것을 권했으나 결과적으로 이는 오히려 조상의 권위를 실추시키는 일이 되었다. 조상을 대신해서 사마의의 상태를 보러 갔다가 사마의의 연기에 속아 조상이 방심하도록 만들었고, 사마의가 권력을 잡게 되자 등양과 마찬가지로 3족이 주살되었다.

무려
Part 1에 등장

하안은 환관들에 의해 살해됐던 한나라의 대장군 하진의 손자로 머리가 좋아서 사마의를 실각시키는 데 일조한 인물이었다.

등양과 이승은 능력보다는 조상과의 친분으로 인해 등용된 인물들로 부패하고 사치를 일삼아 나라를 어지럽히고 있었다. 조상을 부추겨 무리하게 한중으로 원정을 감행하게 했던 것도 등양과 이승이었다.

조상 또한 사치와 향락에 빠져 궁궐의 물건들과 궁녀들을 사사로이 취했고 하안 등과 어울려 자주 술잔치를 열었다는 기록이 있다.

사마의는 이들의 전횡을 막으려다 조상과의

사이가 틀어졌고, 결국 병을 핑계로 더 이상 정사에 관여하지 않게 된다. 그리고 비슷한 시기였던 247년, 사마의의 부인인 장춘화 (張春華)가 사망한다.

사마의가 아직 벼슬에 나서지 않았던 시절 장춘화에 대한 일화가 있다. 사마의가 거동이 불편하다는 것을 핑계로 조조의 부름에 응하지

않았던 적이 있었는데, 시녀 하나가 사마의가 멀쩡히 걷는 것을 우연히 목격하게 된다. 그러자 13세에 불과했던 장춘화는 입막음을 위해 손수 시녀를 죽였고, 그 후 시녀가 하던 집안일까지 자신이 도맡았다고 한다.

사마의와 장춘화 사이에는 장남 사마사와 차남 사마소가 있었는데 사마사는 젊었을 때부터 위나라에 충성심이 없었다. 때문에 위나라 황족과 친척 관계였던 부인 하후휘와는 사이가 멀어져 그녀를 독살한다. 아무래도 사마사에게는 부모를 닮은 냉혹한 면모가 있었던 것으로 보인다.

늙은 것이…

　사마의는 나이가 들면서 첩을 들이고 장춘화를 멀리하기 시작했는데, 한번은 사마의가 병에 걸렸을 때 장춘화가 문병을 오자 사마의는 "늙은 것이 가증스럽다. 어찌 성가시게 찾아오는고?"라면서 그녀에게 무안을 줬다.

　장춘화가 서러운 마음에 식음을 전폐하고 죽으려 하자 자식들 또한 어머니를 따라 단식을 시작했다.
　얼마 후 사마의는 장춘화를 찾아가 사과했고,

장춘화는 단식을 멈춘다. 하지만 사마의는 이후 다른 사람들에게 "늙은이가 죽는 것은 애석하지 않다. 내 자식들이 걱정되었을 뿐이다."라고 말했다고 한다.

사마의가 70세에 가까운 고령인 데다 이미 권력에서 물러난 상태였지만 조상과 그의 무리들은 여전히 마음 한 구석에서 그를 두려워했기에 늘 그를 의심하고 있었다.

이승이 마침 형주자사에 부임하게 되어 인사차 사마의를 방문해 그의 동태를 살폈는데, 사마의는 일부러 병에 걸린 것처럼 행동하면서 여종 두 명의 도움으로 겨우 거동하고 있었다.

사마의는 젊은 시절에도 병든 모습을 보이면서 일부러 조조의 부름에 나가지 않았던 적이 있었다. 아마도 그는 연기로 남을 속이는 것에 익숙했던 것 같다.

사마의가 자신의 입을 가리키면서 목이 마르다고하자 여종 중 한 명이 사마의에게 죽을 건넸는데 사마의는 그릇을 잡지 못해 가슴자락에 죽을 모두 흘리는 모습을 보인다.

이를 본 이승이 "사마의께서 예전 앓았던 풍이 재발했다고 하더니 이 지경일 줄 어찌 짐작했겠습니까?"라고 말하자 사마의는 "나는 늙고 병들어 죽을 날이 코앞에 닥쳤으니, 내 아들 사마사와 사마소를 잘 부탁하네."라고 답한다.

이승이 계속해서 말을 걸자 사마의는 일부러 못 알아듣는 척하면서 동문서답하는 혼신의 연기를 펼친다.

사마의의 집을 나온 이승은 곧바로 조상을 찾아가 "사마공은 시체와 다름없어 기운이 겨우 남아 있고 육체와 정신이 이미 분리되었으니 전혀 걱정할 필요가 없습니다."라고 사마의의 상태를 전했다. 이 말을 전해 들은 조상은 그제야 사마의에 대한 의심을 풀었다고 한다.

249년 1월, 조상은 동생들과 함께 황제를 모시고 죽은 조예의 무덤인 고평릉(高平陵)으로 참배를 하러 떠난다.

이때 사마의는 미리 장남 사마사와 함께 조상을 죽일 계획을 세우고 있었는데, 평소에 하후현이나 하안 등 조상의 측근들과 친분이 있던 차남 사마소에게는 계획을 실행하기 전날 저녁에야 이 일을 알렸다.

조상을 죽이기로 한 전날 밤, 사마의는 새벽에 사람을 시켜 아들들이 자는 모습을 살피게 했는데, 편안하게 잠들어 있는 사마사와 달리 사마소는 잠을 설치고 있었다고 한다.

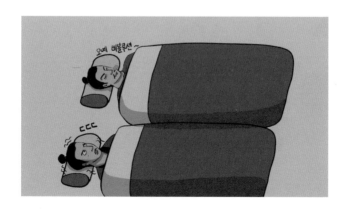

　새벽이 되자 사마사 주변으로 병사들이 모여들었는데 이들은 매우 훈련이 잘 되어 진영이 가지런했다.

　이 군사들은 사마사가 은밀하게 양성한 3,000명의 결사대로 평소에는 민간에 흩어져 생활하다가 사마사의 부름을 받고 한곳에 모여들었기 때문에 이들이 어디서 왔는지 아무도 알지 못했다.

　사마의는 3,000명의 병사와 함께 자신의 앞에 서 있는 사마사를 보면서 "이 아이가 마침내 해냈구나."라고 말했다고 한다. 그렇게 사마의와 그의 아들들은 병사를 이끌고 무기고로 향한다.

5부

삼국통일
: 천하를 통일하는 사마염

22장

고평릉의 변

249년 1월, 위나라의 권력을 장악한 조상은 하안, 조희(조방의 동생) 등과 함께 황제 조방을 모시고 죽은 조예의 무덤인 고평릉에 참배를 하러 떠난다.

조상은 자주 아우들과 함께 성 밖을 나서곤 했는데 환범(桓範)이란 이는 "정무를 총괄하는 사람과 군을 통솔하는   사람이 함께 성 밖을 나갔다가 누군가 성문을 폐쇄해버리면 어떻게 성 안으로 다시 들어올 수 있겠소?"라면서 조상에게 주의를 준 적이 있었다.

조상은 한동안은 환범의 말대로 모든 책임자를 대동하고 성 밖을 나가는 것을 자제했지만 시간이 흐르면서 환범의 경고를 무시하게 된다.

높은 학식으로 존경받던 환범은 머리회전이 빠르고 학식이 높아 존경받던 인물이었지만 젊었을 때 아내가 자신을 화나게 하자 칼끝으로 임신한 아내의 배를 때려 유산시켰을 만큼 자존심이 세고 다혈질인 인물이기도 했다.

한편 혼신의 연기를 펼쳐 조상을 방심하게 만든 사마의는 조상이 낙양을 비운 틈을 이용해 아들 사마사, 사마소와 함께 반란을 계획한다. 특히나 사마의의 첫째 아들인 사마사는 몰래 훈련하고 있던 3,000명의 결사대를 동원하는 큰 역할을 했다.

　사마의는 이들을 데리고 무기고로 향하는 길에 조상의 처 유포(劉怖)의 집을 지나치게 됐는데, 이를 본 유포가 급하게 집을 나서 장하수독(帳下守督)이던 엄세(嚴世)를 찾아가 조상이 성 밖으로 나간 사이에 반란이 일어났으니 어찌하면 좋을지를 물었다.

엄세는 유포를 안심시키고 문루에 올라 사마의에게 화살을 겨냥했는데 손겸(孫謙)이 세 번이나 뒤에서 그를 끌어당기면서 막은 덕분에 사마의는 죽을 고비를 넘길 수 있었다.

무기고를 점거한 사마의는 조예의 황후였던 황태후 곽씨를 찾아가 조상을 파면할 것을 요청하는 상소를 올렸다. 그리고 곽씨의 인가를 받아 낙양 내의 군권을 손에 쥔다.

　낙양을 장악한 사마의는 환범을 불러 지휘를 맡기려고 했
는데 환범은 그때까지도 조상과 사마의중 누구를 따를지 쉽
게 결정을 내리지 못하고 있었다.

　환범은 고민 끝에 사마의의 부름에 응하려 하지만 그의 아
들이 황제께서 도성 밖에 있으니 조상이 있는 남쪽으로 향하
는 것이 더 낫다고 말하자 막판에 조상과 합류하기로 마음을
바꾸고 성문으로 향한다.

　당시 성문은 사마의의 명령에 따라 굳게 닫혀 있었지만 공교롭게도 성문을 지키고 있었던 관원이 과거 환범에 의해 천거된 사번(司藩)이라는 이였다.

　사번이 환범에게 성문을 통과할 허가증을 요구하자 환범은 나 때문에 관리가 됐으면서 어떻게 내게 이럴 수 있냐며 화를 낸다. 결국 환범의 기에 눌린 사번은 어쩔 수 없이 성문을 열어준다.

　환범은 성문을 빠져나오면서 사번에게 사마의가 역모를 꾸몄으니 따라오라고 말하지만, 사번은 환범이 하도 빨리 도 망가서 미처 따라가지 못하고 길 옆에 몸을 숨겼다고 한다.

　사마의는 환범이 조상에게로 도망갔다는 말을 듣자 "환범이 계책을 꾸미더라도 조상은 필시 그를 쓰지 못할 것이다." 라고 말했다 한다.

　당시 사마의가 수도 낙양을 장악하긴 했지만 낙양을 제외한 다른 지역의 병력들은 사마의보다 황제의 신변을 확보하고 있던 조상에게 호응할 가능성이 높았다. 때문에 상황은 사마의에게 무조건 유리한 것은 아니었다.

　이 사실을 잘 알고 있었던 사마의는 조상에게 허윤(許允)과 진태(陳泰)를 보내 지금이라도 군을 해산하고 항복한다면 단순히 관   직에서 파면하는 것만으로 일을 끝내겠다며 그를 회유한다.

　조상을 만난 환범은 조상 형제가 황제를 모시고 있으니 허
창으로 전국의 군사들을 불러 모아야 한다고 조언하지만 조
상은 망설이기만 한다.

　다급해진 환범은
조상의 동생 조희
(曹義)에게 "돌아가
는 사태가 분명한
데 경은 책을 읽어
어디에 쓰려고 하
시오. 지금 경들의
가문이 무너지게 되었소. 지금 허창으로 간다면 다음날 저녁

이면 도착할 것이니 그곳의 무기를 병사들에게 나누어 주시오."라고 말하지만 조상과 조희는 침묵으로 일관할 뿐이었다.

결국 조상은 새벽 3시경에 군신들 앞에서 칼을 내던지며 사마의에게 항복할 뜻을 밝힌다. 곁에 있던 양종(楊綜)이 공께서는 황제를 끼고 권력을 장악하고 있는데 어찌 이를 버리고 사형장으로 가냐면서 조상을 말리지만 조상은 "항복하더라도 나는 돈 많은 늙은이로 살 수 있다."라면서 양종의 말을 듣지 않았다.

　조상의 이러한 말을 들은 환범은 "조진은 뛰어난 인물이었
지만 당신들 같은 형제를 낳았으니 송아지를 키운 것뿐이오.
어쩌다가 당신들과 연루되어 내 일족이 죽게 되었소."라고
통곡했다 한다.

　조상은 결국 양종
이 경고했던 것처럼
하안과 등양, 이승 등
과 함께 처형된다.

　한편 막판에 조상
에게 가담했던 환범
은 황제를 데리고 낙

양으로 귀환할 때 사마의와 마주했는데 사마의는 "환대부께
서 어찌된 일이시오."라면서 그를 관직에 복귀시킨다.

하지만 환범
이 도망갈 때 성
문을 지키고 있
었던 사번이 사
마의에게 자수
하면서 환범이
사마의를 반역
자라고 불렀다는 사실을 진술하자 사마의는 환범을 체포해
처형하고 그의 삼족을 멸한다. 정적 조상과 그의 일당을 말
끔히 제거하는 데에 성공한 사마의는 마침내 위나라의 정권
을 잡게 된다.

당시 서쪽에는 친조
상파였던 하후패와 하
후현이 있었는데, 하
후현에게 사마의로부
터 낙양으로 오라는
소환장이 날아온다.

사마의가 한 짓을 알고 있던 하후패는 이 소환장이 자신에게까지 화가 미칠 것을 두려워했는데, 여기에는 평소 그와 사이가 나빴던 곽회가 하후현의 후임으로 결정된 것도 결정적인 이유였다. 결국 하후패는 위나라를 배신하고 촉나라로 도망쳐 투항한다.

하후패는 촉으로 향하기 전에 하후현에게도 같이 도망가자고 말하지만 하후현은 "내가 어찌 구차하게 적의 빈객이 될 수 있겠나?"라면서 하후패의 제안을 거절했다고 한다.

하후패는 고생 끝에 촉에 도착했고, 그를 만난 촉의 황제 유선은 하후패를 환대했다. 하후패를 유선이 환대한 이유는 그의 부인이 하후씨의 후손이었기 때문이다.

　무려 50년 전인 200년, 하후패의 사촌여동생이 땔나무를 줍고 있다가 장비에게 사로잡힌 일이 있었다. 장비는 납치한 그녀를 자신의 아내로 삼았고, 그녀 사이에서 낳은 딸이 유선의 황후가 된 것이다.

　유선은 자신의 아이를 하후패에게 보여주면서 이 아이가 하후씨의 외손자라고 말했다 한다.

　《자치통감》에 따르면 강유는 하후패를 만나 "정권을 잡은 사마의가 다시 촉을 공격할 것 같소?"라고

물었다. 그러자 하후패는 "저들은 자기 가문을 일으켜 세워야 하기에 아직 밖의 일에 겨를이 없을 것입니다. 종회(鍾會)라는 자가 있는데 그 자는 비록 젊지만 만약에 조정의 정치를 관장하게 된다면 오와 촉의 걱정거리가 될 것입니다."라고 답했다.

종회는 위나라 개국공신이었던 종요가 75세라는 고령에 낳은 아들로, 어렸을 때부터 많은 일화가 있을 정도로 매우 명석한 인물이었다.

    249년 8월, 강유는 비의의 반대에도 불구하고 유선에게 표를 올려 북벌을 강행한다. 강유는 북벌에 나서면서 구안(苟安)과 이흠(李歆)을 양주에 있는 서평(西平)으로 보내 성을 쌓아 지키도록 한다.

    하지만 위나라에서는 곽회와 진태, 그리고 등애가 활약해 촉나라의 군량미 보급로를 끊고 성 부근의 물줄기를 끊어 성 안이 물에 잠기게 된다.

　진태는 구품관인법을 제정한 걸로 유명한 진군의 아들로
당시 곽회의 부장을 맡고 있었다.

　포위된 구안과 이흠은 강유에게 구원을 요청하지만 구원
하러 온 강유와 하후패 또한 군량 문제로 퇴각한다. 구원이
차단된 상황에서 버틸 여력이 없어진 구안과 이흠은 결국 위
나라에 항복한다.

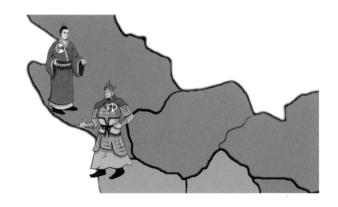

　　강유는 포기하지 않고 또다시 공격을 시도하지만 강유의
움직임을 미리 예측한 등애에게 막히면서 강유의 1차 북벌
시도는 실패로 끝나게 된다.

　　한편 오나라
에서는 육손의
죽음으로 태자
손화가 폐위될
위기에 몰리자
기세등등해진
손패파가 더욱 제멋대로 행동하기 시작한다.

　손패파 중 한 명이었던 양축은 손권에게 '손패가 문무 양면에 우수한 자질을 갖고 있으니 손화를 대신해 태자가 되어야 한다'고 말한다. 그러자 손권은 그 자리에서 손패를 태자로 세울 것을 약속한다.

　하지만 이 말이 퍼져서 궁궐이 시끄럽게 되자 손권은 이 말이 어떻게 누설됐는지를 알기 위해 양축을 잡아 고문했다. 결국 고문을 견디지 못한 양축이 자신이 누설했다고 자백하자 손권은 그럴 줄 알았다면서 양축을 처형해 시신을 강물에 버렸다.

　이 사건 이후 손패에게서 완전히 정이 떨어진 손권은 손패에 붙어 아부하고 손화를 모함했던 전기(全寄)와 오안(吳安) 등을 처형했고 손패 또한 죽게 된다.

하지만 손권은 태자 손화와의 오해를 풀고 손화의 입지를 굳건히 해주는 대신 손화를 태자의 자리에서 폐위하는 엉뚱한 결정을 내린다. 그리고 손화의 폐위를 막으려던 대신들에게까지 칼바람이 불어 장순(張純)을 비롯한 신하들이 처형된다.

손권은 손화 대신 자신이 총애하던 어린 아들 손량(孫亮)을

황태자로 정하면서 오랜 후계자 다툼은 막이 내린다. 하지만 이 기간 동안 많은 대신들이 손권에 의해 처형되면서 인재들이 고갈되다시피 했고, 황태자로 정해진 손량의 나이는 고작 8세밖에 되지 않았기 때문에 이는 새로운 불화의 불씨가 된다.

250년 말, 강유는 다시 한 번 서평을 공격하지만 이번에도 성과를 거두지 못하고 돌아온다.

비의는 강유를 견제했기에 강유가 큰 군대를 일으키는 것을 허락하지 않았다. 이 때문에 강유가 북벌에 동원할 수 있는 병사들은 겨우 1만 명을 넘지 못했다고 한다.

비의는 의욕이 넘치는 강유에게 "우리는 제갈량만 못하거니와 또 많이 뒤떨어집니다. 제갈량께서도 중원을 능히 평정하지 못했는데 하물며 우리들이 할 수 있겠습니까? 나라를 보전하고 백성들을 다스리며 신중하게 사직을 지키느니만 못합니다."라고 말했다 한다.

251년, 위나라에서는 왕릉이 반란을 계획한다. 왕릉은 먼 옛날 여포를 꼬드겨 동탁을 암살하게 한 왕윤의 조카로 이 당시에는 여든을 넘긴 고령이었다.

왕평은 사마의에게 이리저리 휘둘릴 정도로 어리석고 나약한 조방을 대신해 조조의 아들 중 한 명이었던 조표를 새로운 황제로 세우려는 반란을 계획한다.

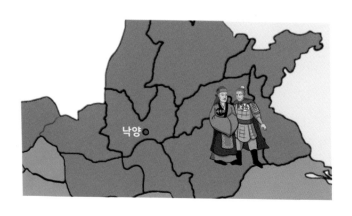

하지만 함께 모반을 계획했던 연주자사 황화(黃華)가 왕릉을 배신하고 사마의에게 왕릉이 반역했다는 사실을 알린다. 사마의는 직접 군을 이끌고 단 9일 만에 왕릉이 있는 감성(甘城)에 도착한다.

계획했던 반란이 더는 가망이 없다는 것을 깨달은 왕릉은 스스로를 결박하고 사마의에게로 향한다.

왕릉은 송환되는 도중 오랜 친구 가규의 묘를 지나쳤는데, 묘를 바라보면서 "가규여, 나 왕릉이 위나라의 충신이었음을 그대는 잘 알 것이오."라고 외쳤다고 한다.

결국 왕릉은 독약을 먹어 스스로 목숨을 끊고, 조표를 포함하여 모반에 연루된 자들은 모두 삼족이 몰살당하게 된다.

사마의는 이 사건을 계기로 전국의 황족들을 모두 업으로 불러들여 감시하기 시작한다. 위나라 황실의 권위가 땅에 떨어지게 되는 만큼 사마의는 절대 권력을 휘두르게 되었다.

사마의는 얼마 뒤 병에 걸렸는데, 죽기 전에 왕릉과 가규가 사마의의 꿈에 나와 그에게 해를 입히는 꿈을 꿔서 이를 불길하게 여겼다고 한다. 그리고 2개월 뒤인 251년 8월, 삼국지 최후의 승자라고도 불리는 사마의가 73세의 나이로 세상을 떠난다.

훗날 당태종 이세민은 사마의에 대해 아래와 같이 평했다.

"사마의는 탁월한 재능으로 임금을 보좌하고, 문으로 다스리고 무력으로 위세를 떨쳤다. 그의 마음은 깊고 험해 헤아리기 어려웠고, 너그러워 능히 남을 포용했다.

공손연을 100일 만에 죽이고 맹달을 열흘 남짓 만에 사로잡았으니 군사를 움직이는 것이 뛰어나고 모책을 씀에 있어 두 번 헤아리는 일이 없었다.

조예가 죽으면서 후사를 맡겼지만 사마의는 목숨을 다해 보답하지 않았다. 천자가 바깥에 있을 때 안에서 군을 일으켜 조예의 무덤 흙이 채 마르기도 전에 서로를 죽이니 충신이라면 어찌 이럴 수 있겠는가.

이 때문에 진(晉) 명제(明帝, 사마의의 고손자)는 얼굴을 묻으

며 그의 선조가 속임수로 공을 이룬 것을 수치스러워 했고
석륵(石勒)은 사마의가 간교하게 대업을 이룬 것을 비웃었다.

옛말에 3년 동안 선을 행해도 이를 아는 이가 적으나 하루
만 악을 행해도 천하에 널리 알려진다고 했는데 정말 그렇지
아니한가."

　사마의가 죽자 장남이었던 사마사가 그 뒤를 이었고 이듬 해인 252년, 조방은 사마사를 대장군으로 임명한다. 그렇게 사마사는 조정을 장악해 아버지 사마의에 버금가는 권력을 쥐게 된다.

　252년 4월, 오나라에서는 조조 유비와 함께 중국을 삼등분했던 손권이 71세의 나이로 세상을 떠난다.

23장

오나라의 제갈각,
위나라의 제갈탄

252년 4월, 긴 세월 동안 오나라를 이끌었던 손권이 세상을 떠난다.

죽을 때가 되자 손권은 과거 자신이 육손에게 했던 일을 후회하면서 그 아들 육항에게 "나는 이전에 거짓말을 믿어 그대의 부친과 돈독하지 못했고 이 때문에 그대를 등졌었소. 내가 당신을 심문했던 글을 모두 불태워 다른 사람이 보지 못하도록 하시오."라고 말했다 한다.

또한 손권은 불현듯 태자였던 손화가 아무 잘못도 없이 폐
위됐다는 걸 깨닫고 그를 다시 태자로 삼으려고 한다. 하지
만 손노반, 손준(孫峻), 그리고 손홍(孫弘)이 맹렬하게 반대하
자 뜻을 접는다.

병이 깊어진 손권은 어린 후계자인 손량과 함께 후사를 맡
길 사람을 고민하는데, 이때 손준이 대장군 제갈각을 추천
한다. 손권은 "제갈각은 성격이 괴팍하다."라면서 망설이
만 손준은 제갈각의 재주를 따라잡을 신하가 없다며 손권을

설득했다. 결국 손권은 제갈각을 불러들여 뒷일을 부탁하게
된다.

진수는 손권에 대해 "손권은 몸을 굽혀 치욕을 참으면서
재능 있는 자를 임용하고 지혜로운 자를 존중했고 비범한 재
능이 있었으니 영웅 중에서 걸출한 인물이었다. 그래서 그는
혼자 강남의 땅을 차지하여 삼국정립의 세력을 이룰 수 있었
다. 그러나 그의 성격은 의심이 많아 사람을 죽이는 데 망설
임이 없었는데 나이가 들면서 이는 더욱 심해졌다. 그는 거

짓을 믿어 아들과 손자를 버리고 죽였다. 그 후대가 쇠미하여 결국 국가가 멸망했는데 틀림없이 이것이 원인이었을 것이다."라고 평했다.

손권이 세상을 떠나자 평소 제갈각과 사이가 나빴던 손홍은 제갈각을 살해할 계획을 세운다. 하지만 손준이 이 사실을 제갈각에게 보고함으로써 제갈각은 이를 알게 되고, 손홍을 죽여 위기를 모면한다.

제갈각은 어린 황제 손량을 보좌하면서 내정을 다지고 북방에 대한 수비를 단단히 했다. 제갈각은 나라를 잘 다스리고 현명한 정책을 펼쳤기 때문에 그가 지나갈 때면 백성들이 떼를 지어 따라다녔다고 한다.

한편 위나라에서는 손권의 죽음으로 오나라가 혼란스러운 틈을 노려 제갈탄*과 관구검이 7만 대군을 이끌고 오나라의 동흥(東興)을 공격했다.

---

* 제갈탄(諸葛誕): 위나라의 정치가이자 장군. 제갈량, 제갈근의 먼 친척. 하후현, 등양 등과 친하며 일찍이 명성이 있었으나, 조예는 이러한 명성 있는 자, 사치부리는 자들을 싫어하여 관직에서 면직되었다. 조예가 죽은 뒤에 하후현 등과 함께 복직되었고, 이후 권력을 잡은 사마사로부터 오나라의 동흥을 공격할 것을 명받았다. 동흥에서의 전투에 패한 제갈탄은 관구검과 문흠(文欽)이 모반을 일으키며 함께 할 것을 제안하자 그들의 사자를 죽이며 관구검, 문흠이 모반했음을 천하에 알렸다. 사마소가 위나라의 정권을 잡은 뒤, 본래 사마씨의 집안과 반목하던 이들과 친했던 제갈탄은 친했던 인물들이 모두 3족이 멸해진 상황에서 불안해하다 반란을 일으켰다. 사마소는 직접 제갈탄을 토벌하기 움직였고, 제갈탄은 오나라에 구원을 요청하며 성을 굳게 지키는 등 항전했으나 결국 사마소에게 목이 잘리고 삼족이 멸해졌다.

《세설신어[世說新語, 위진남북조시대 유의경(劉義慶)이 쓴
당대의 가십을 모아둔 이야기집]》에서는 제갈량, 제갈근, 제
갈탄을 일컬어 '촉은 용을 얻고, 오는 범을 얻었으며, 위는 개
를 얻었다.'라면서 제갈탄을 개에 비유했다. 하지만 실제로
제갈탄은 위나라에서 꽤나 그 능력을 인정받던 인물이었다.

위나라 7만 대군에 4만의 군으로 맞선 제갈각은 위나라군
이 술잔치를 벌이는 틈에 기습작전을 펼쳐 손쉽게 대승을 거
둔다. 이때 위나라에서는 수만 명의 병사가 죽었을 정도로
큰 피해를 보았다고 한다.

이를 기점으로 위나라에서는 사마사가 권력을 잡은 시기와 비슷하게 제갈각이 오나라의 일인자로서 입지를 다지게 된다.

253년, 서쪽에서는 위나라에서 거짓 항복한 곽순(郭循)이 촉나라의 대장군 비의를 암살한다.

비의는 주변으로부터 "높은 직책을 맡았으니 평소에 몸을 조심해야 한다."라는 충고를 들었지만 이 말을 무시하다가 결국 술잔치에서 만취한 사이 곽순에게 암살된 것이다.

    곽순은 원래 유선을 죽일 계획이었지만 유선을 경호하는 병사들이 너무 가까이 있자 비의로 목표를 바꾼 것이었다. 비의는 일처리가 빠르고 빈틈이 없던 것으로 알려진 뛰어난 인물이었기 때문에 촉나라 입장에서 비의를 잃은 것은 큰 손실이었다.

    한편 오나라에서는 동흥의 전투로 자신감을 얻은 제갈각이 합비를 공격할 계획을 세우고 있었다.

    등윤(滕胤)을 비롯한 많은 오나라 대신들은 갑자기 군을 일으키는 것은 백성들을 피로하게 하며 국력이

소모되는 일이라며 제갈각이 출병하려는 것을 말린다.

하지만 제갈각은 "사마의가 죽어 위나라 정권을 차지한 이들이 아직 국정에 미숙한 지금이 공격할 시기이며, 이때를 놓친다면 압도적인 물량과 인적자원을 보유한 위나라의 국력이 배가 될 것이다."라면서 출병을 고집했다.

　253년 4월, 제갈각은 전국에 있는 병력을 총동원해 무려 20만이라는 대군을 이끌고 합비로 향했는데 이로 인해 백성들 사이에서 불만이 컸다고 한다.

　제갈각이 군을 일으키자 촉에서도 이에 호응한 강유가 수만의 군을 일으켜 위나라를 공격한다. 그리고 사마사는 오나라에 맞서 고구려 원정에서 큰 공을 세웠던 관구검과 문흠을 파견하고 장특(張特)을 보내 합비성을 방어하게 했다.

　장특은 제갈각을 상대로 3,000명의 병사들을 이끌고 수개
월 동안 합비성을 수비한다. 하지만 점차 전사자가 늘어갔고,
제갈각이 토산을 쌓아 공격하자 성벽이 무너져 함락될 위기
에 처하게 된다.

　위기에 처한 장특은 제갈각에게 "위나라에서는 장수가
100일 이상 성을 방어하다 항복해도 그의 가족에게 죄를 묻
지 않는다. 며칠만 지나면 100일이 되니 그때 알아서 항복하
겠다."라고 말한다.

제갈각은 장특의 말을 믿고 공격을 미루었는데 장특은 밤 사이에 무너진 성벽을 수리했다. 그리고 다음 날 아침, 오나라 병사들 앞에서 "나는 다만 싸우다 죽을 뿐이다!"라면서 싸울 의지를 밝힌다. 속은 걸 깨달은 제갈각이 다시 공격을 개시했지만 합비성은 쉽게 함락되지 않았다.

시간이 흐르면서 날씨가 무더워진 탓에 오나라 측에서도 질병에 걸린 병사들이 늘어나 죽거나 부상당한 자가 태반이었다고 한다. 많은 부장들이 제갈각에게 부상병이 늘어난다는 사실을 알렸지만 제갈각은 화를 내면서 공격을 밀어붙일 뿐이었다.

위나라에서는 오나라 병사들이 지친 틈을 타 반격에 나선다. 관구검과 문흠이 퇴로를 끊고 공격해오자 그제야 제갈각은 퇴각을 결심한다. 그리고 도망치는 과정에서 수많은 오나라 병사들이 죽거나 적의 포로가 되었다.

　군을 총동원해 야심차게 위나라를 공격했지만 궤멸적인 피해만 보고 돌아온 제갈각은 많은 원망을 받았고 그의 위상 또한 땅에 떨어지게 된다. 하지만 제갈각은 패배에 대해 사과하거나 책임을 지는 대신 더욱 기세등등해져서 마음에 안 드는 관리들을 꾸짖고 파면했다.

　제갈각은 얼마 지나지 않아 안 그래도 지친 군을 또다시 동원해 위나라를 공격할 계획을 세워 사람들의 미움을 산다. 결국 이를 보다 못한 손준이 제갈각이 손량을 방문했을 때를 틈타 그를 암살하려는 계획을 세운다.

　제갈각은 물과 옷에서 역한 냄새가 나자 불길하게 여겨 궁궐에 들어가기를 망설였지만 손준이 직접 마중 나와 그를 안심시킨다.

　마지못한 제갈각이 자리에 앉아 술을 몇 잔 마시고 있을 때, 손준이 갑자기 칼을 빼들고 그를 체포하라고 외친다. 제갈각은 깜짝 놀라 칼을 뽑으려고 했지만 재빠르게 손준이 달려들어 그를 여러 차례 찔러버린다. 제갈각은 51세의 나이로 이렇게 비참한 최후를 맞이하게 된다.

　정권을 장악한 손준은 제갈각의 세 아들을 죽이고 그의 세력을 제거했을 뿐만 아니라 제갈각과 가까웠던 손화에게까지 자살을 명해 죽게 만든다.

　제갈각을 대체한 손준은 사람이 가볍고 교만해서 사람을 함부로 죽였고 죽은 손권의 딸 손노반과 사통했다는 기록도 있다.

254년, 위나라에서는 이풍(李豊)이 사마사를 암살할 계획을 꾸미고 있었다.

이풍은 사마사를 죽이고 죽은 조상과의 친분 때문에 홀대받고 있었던 하후현을 대장군으로 세울 생각이어서 계획을 하후현에게 알렸는데 하후현은 이풍에게 암살 계획이 치밀하지 못하다고 말했다 한다.

하후현의 말대로 암살 계획은 사마사에 의해 발각되었고, 사마사의 부름을 받고 그를 찾아간 이풍은 허리가 잘려 죽게 된다.

　이풍을 죽인 사마사는 암살 음모에 연루된 하후현마저 체포해 처형한다.

　하후현은 사람들 사이에서 명망이 높았고 사마사의 동생 사마소와도 친분이 있었기 때문에 하후현이 체포됐다는 소식을 들은 사마소는 형을 찾아가 그를 살려달라고 빌었다고 한다.

　하지만 사마사는 일찍이 조엄(趙儼)의 장례식에 참석한 문상객들이 자신이 도착했을 때는 절반만 일어나다가 하후현이 도착하자 모두 일어났던 것을 보고는 쭉 그를 시기해왔기 때문에 하후현을 살려둘 마음이 없었다.

　사마사는 또한 황제 조방이 이풍과 많은 이야기를 나눴던 걸 기억하고 조방을 폐위시킬 생각을 품는다.

　몇 개월 뒤인 254년 9월, 사마사는 황실의 웃어른이었던 황후 곽씨를 통해 조방을 황제자리에서 폐위시킨다.

　곽씨는 조방의 폐위를 명하면서 "황제 조방은 이미 성년이 되었지만 국가의 정무를 처리하지 않고 여색에 빠져 추악한 유희만을 즐길 뿐이다. 공손함과 효도하는 마음이 날마다 줄 어들고 오만함만이 점점 심해질 뿐이니 조방은 황제 자리에 서 떠나도록 하시오."라고 말했다고 한다.

하지만 황후의 말처럼 조방이 실제로 많은 악행을 저질렀는지에 대해서는 논란이 있다. 조방을 쫓아낸 후 사마사와 대신들은 논의 끝에 조비의 손자 조모를 새로운 황제로 세운다. 위나라는 이렇게 네 번째 황제를 맞는다.

255년, 제갈각을 상대로 큰 공을 세웠던 관구검과 문흠이 수춘에서 반란을 일으킨다. 관구검은 하후현, 이풍과 친했고

문흠은 조상과 가까웠기 때문에 사마사가 조방을 폐위하는 등 전횡을 일삼자 불만을 품고 반란을 일으킨 것이었다.

관구검과 문흠이 동원한 군사는 대략 6만 정도였고, 관구검이 성을 지키는 동안 문흠은 유격 부대를 지휘했다.

항성(項城)으로 진군한 관구검과 문흠은 제갈탄에게도 반란에 참여해달라고 요청하지만 제갈탄은 오히려 사자를 죽여서 그들과의 관계를 끊는다.

　한편 오나라에서는 손준이 위나라가 혼란스러운 틈을 타 군대를 이끌고 북쪽으로 향하고 있었다. 이 당시 사마사는 눈 위에 큰 혹이 생겨서 짼 상태였는데, 상처가 심해서 군을 지휘할 수 있는 상황이 아니었다.

　하지만 여러 대신들
이 사마사에게 직접 출
진할 것을 권하자 사마
사는 왕기(王基), 등애,
그리고 제갈탄과 함께
10만 군을 이끌고 남쪽
으로 향한다.

사마사는 먼저 왕기를 시켜 많은 식량이 비축된 남돈(南頓)을 점령해 기선을 제압하고, 제갈탄은 반란군의 근거지인 수춘을 향해 진군하게 했다.

위아래로 포위되어 공격도 후퇴도 제대로 할 수 없는 진퇴양난에 빠지게 되자 관구검은 낙가(樂嘉)로 문흠을 보내 사마사, 등애와 대치하게 한다.

문흠에게는 문앙(文鴦)이라는 아들이 있었는데, 그는 18세의 어린 나이임에도 불구하고 아버지를 능가하는 뛰어난 무장이었다.

문앙은 "적군이 아직 안정되지 않았으니 지금 공격하면 이길 수 있습니다."라면서 아버지를 설득한다. 문흠에게 공격을 허락받은 문앙은 북을 크게 울리면서 사마사를 세 번 연달아 공격했고, 사마사의 군대는 큰 혼란에 빠진다.

　문앙이 쳐들어온다는 소식을 들은 사마사는 깜짝 놀라서 상처 난 부위의 눈알이 빠져 나왔다고 한다. 사마사는 옷으로 눈을 가렸고 이빨로 옷을 물어뜯으면서 고통을 참았기에 곁에 있던 사람들이 그의 신음소리를 듣지 못했다.

　문앙은 엄청난 전투력을 보여주며 적진을 누볐지만, 아버지 문흠이 군을 이끌고 오지 못해 양동작전이 무산되어 물러나게 된다. 문흠 부자는 전세가 불리하다고 판단하여 퇴각을 결심했는데, 이때도 문앙이 기병 몇 명만을 이끌고 추격대의 기세를 꺾는 초인적인 힘을 발휘한 덕에 항성으로 도망칠 수 있었다.

하지만 문앙 혼자만의 힘으로는 군의 패배를 막을 수 없었고, 많은 병사들이 사마사에게 투항하게 된다. 병사들 대부분이 관구검과 문흠의 강요로 반란군에 들어갔었기 때문에 이들의 결속력은 약할 수밖에 없었던 것이다.

문흠이 패했다는 소식을 전해 들은 관구검은 두려움에 밤을 틈타 달아난다.

　도망친 관구검이 신현(愼縣)이라는 곳에 도착했을 때 주변 사람들이 모두 떠나버린 탓에 그는 동생, 손자와 함께 물가의 풀숲에 숨는 처량한 신세가 되었다. 결국 관구검은 도망 중에 화살을 맞아 죽고 그의 목은 사마사에게 보내진다.

　관구검이 도망치고 홀로 남겨진 문흠은 남은 병력을 이끌고 오나라의 손준에게 투항한다. 수춘을 공격하고 있던 손준 역시 관구검과 문흠이 무너지고 자신의 군대도 제갈탄과 등애에게 격파되자 더 이상의 공격을 포기하고 오나라로 돌아간다. 관구검과 문흠의 반란은 이렇게 단시간에 평정된다.

관구검이 죽은 지 8일 만에 사마사 또한 48세의 나이로 세상을 떠난다. 사마사는 허창에서 눈에 난 상처를 치료하고 있었는데, 이 상처 자리가 터져 죽은 것이었다.

사마사는 자식이 없었기 때문에 그가 죽자 그의 아우 사마소가 형의 뒤를 이어 대장군에 임명된다.

24장

강유의 천적 등애

255년, 사마사가 죽자 위나라의 황제 조모는 조서를 내려 사마소가 아닌 부하(傅暇)에게 군을 이끌고 낙양으로 돌아오게 한다.

조모는 사마소에게는 낙양으로 돌아오지 말고 허창에 머물라고 명령했는데, 이는 사마사가 죽은 틈에 사마씨 일족으로부터 군권을 찾아오려는 조모의 계책이었다.

하지만 종회가 부하를 찾아가 사마소에게 협조할 것을 설득하자 부하는 사마소에게 군을 넘겨준다. 결국 조모의 계책과 달리 사마소는 부하의 군까지 이끌고 낙양에 입성한다.

낙양에 입성한 사마
소는 형 사마사의 세력
을 그대로 이어받아 얼
마 후 대장군에 임명된
다. 하지만 조모는 허수
아비 황제의 자리에 만
족했던 조방과는 다르
게 황권을 강화하려는 야심을 계속 드러냈다.

조모는 야심에 걸맞게 대신들 사이에서도 꽤 높은 평가를
받던 인물이었기 때문에 사마소는 그를 경계하게 된다.

한편 서쪽에서는 강유가 거의 매년 북벌을 시도하고 있었
다. 죽은 비의를 대신해서 장익(張翼)이 강유의 북벌을 무모
하다며 말렸지만 강유는 듣지 않고 공격을 강행할 뿐이었다.

강유의 노력은 어느 정도 성과가 있었다.

254년, 강유는 죽은 곽회를 대신해서 서부를 방어하고 있
던 진태를 상대로 대승을 거두어 하관(河關), 적도(狄道), 임조
(臨洮) 3현을 함락시키고 이곳에 있던 주민들을 촉으로 이주
시킨다.

255년에 또다시 북벌에 나선 강유는 다시 한 번 적도를 공격해 대승을 거두었는데, 이때 위나라 전사자들의 수가 수만에 달했다. 이때의 피해가 워낙 커서 자칫하면 옹주 전체가 촉나라로 넘어갈 상황이었다고 한다.

하지만 강유는 진태와 등애의 침착한 대응과 식량 부족으로 후퇴해야만 했고, 이 때문에 쭉 영토를 차지하는 등의 장기적인 성과를 거두지는 못했다.

강유가 물러나자 위나라에서는 많은 이들이 강유의 병력 소모가 너무 커서 다시 공격하지 않을 거라 말했지만 등애는 "강유는 우리 군을 격파시켰고 창고는 모두 텅 비었으며, 백성들은 갈 곳을 잃어 거의 멸망 상태까지 되었습니다. 적은 승기를 타고 공격하는 기세를 유지하고 있으며 반면에 우리는 허약한 상태입니다. 저들은 위아래가 서로 익숙하게 훈련되었고 병기가 예리하기에 우리는 장수를 바꾸고 병사를 새로 증원해야 합니다. 적군은

교활하고 책략에 뛰어나므로 그들은 반드시 다시 공격해올 것입니다."라며 강유가 다시 공격을 감행할 것을 예측했다.

256년 7월, 등애의 말대로 강유는 약해진 위나라의 군세를 만만히 여기고 다시 쳐들어간다. 하지만 위나라에서는 등애가 미리 촉의 공격을 대비하고 있었다.

단곡(段谷)에서 등애와 격돌한 강유는 대패해서 촉으로 돌아온다. 이때의 패배로 촉은 큰 피해를 봤으며, 사망자 또한 매우 많았다고 한다.

패배로 인해 많은 원망을 받자 강유는 책임을 지기 위해 대장군에서 물러나고, 이 덕분에 위를 괴롭히던 촉의 기세 또한 한풀 꺾이게 된다.

256년, 오나라에서는 손준이 문흠, 여거(呂據) 등과 함께 위나라를 침공할 준비를 하고 있었지만, 손준이 제갈각에게 공격당하는 꿈을 꾸고 얼마 지나지 않아 병으로 세상을 떠나 무산된다. 손준은 죽으면서 사촌 동생이었던 손침(孫綝)에게 뒷일을 맡겼다고 한다.

진수는 손준과 손침에 대해 "나쁜 습관이 가득하여 논할 가치도 없는 자들."이라고 폄하했다.

　손침이 손준의 뒤를 이었다는 소식을 들은 여거는 등윤을
승상에 임명하자는 자신의 주장이 받아들여지지 않자 몹시
화를 내며 등윤과 손잡고 군을 일으킨다. 하지만 손침은 재
빨리 문흠 등을 파견해 이들을 제압했고, 여거와 등윤은 사
망한다.

　손침은 손준의 뒤를 이어
오나라의 정권을 차지하지
만 이 과정에서 여거와 등
윤이라는 뛰어난 인재들이
희생됐기에 이는 오나라에
있어서 큰 손실이었다.

이 당시 관구검과 문흠의 난을 진압하는 데 큰 공을 세웠던 제갈탄은 수춘에 주둔하고 있었다. 제갈탄은 과거 친하게 지냈던 하후현, 등양, 그리고 관구검이 연달아 죽임을 당하자 다음 차례는 자기라고 생각해 불안함을 느끼고 있었다.

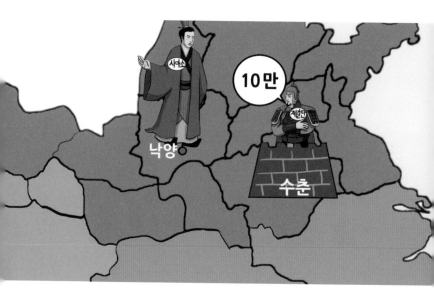

　제갈탄은 '수춘을 방어하기 위해 필요하다'라는 이유로 사마소에게 10만이라는, 과도하게 많은 수의 병사를 요구한다. 제갈탄의 황당한 요구를 들은 사마소는 그를 의심하게 되고, 죽은 가규의 아들인 가충(賈充)을 파견해 제갈탄의 심중을 살피고 오도록 한다.

　가충을 만난 제갈탄은 "당신은 가규의 아들인데도 왜 사직이 타인에게 넘어가는 것을 바라만 보시오?"라면서 사마씨 일가에 대한 반감을 여지없이 드러냈다.

　제갈탄을 만나고 낙양으로 돌아온 가충은 "제갈탄은 위대한 명성으로 존경받아 그를 위해 죽을 수 있다는 부하들을 얻고 있습니다. 그는 반드시 반역할 겁니다."라고 사마소에게 말한다.

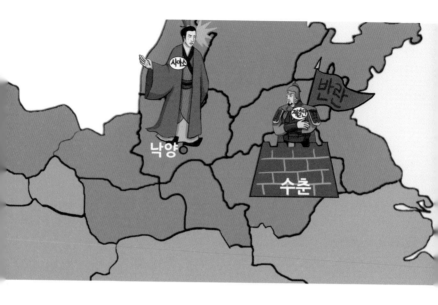

　257년, 사마소는 제갈탄을 높은 관직에 임명하며 낙양으로
불러들이려 한다. 그러나 눈치 빠른 제갈탄은 자신이 의심받
는다는 것을 깨닫고 10만 대군을 일으켜 사마소에게 반기를
든다. 반란을 일으킨 동시에 제갈탄은 스스로를 신하라고 칭
하면서 오나라에게 구원병을 요청한다.

　가충은 공격에 앞서 사마소에게 "제갈탄의 군세가 강하기 때문에 직접 전투를 벌이는 것을 피해야 하며 도랑을 파고 망루를 세워 수춘성을 포위하면 싸우지 않고 이길 수 있을 것입니다."라고 조언했고, 사마소는 그의 계책을 따른다.

　사마소는 출병하면서 황제 조모를 설득해 동행하게 했는데, 자신이 낙양을 비운 틈에 반대 세력이 조모를 모시고 음모를 꾸미는 것을 미연에 방지하기 위해서였다. 이때 사마소가 동원한 병사는 무려 26만이었다고 한다.

　사마소는 왕기를 시켜 수춘성을 포위하게 했는데, 포위가 완성되기 전에 오나라에서 보낸 문흠 부자와 3만 병력이 수춘성에 입성해 제갈탄과 합류한다.

　하지만 왕기가 참호와 보루를 높이 쌓아 포위를 견고히 하자 더 이상 구원군이 성에 들어올 수 없었다. 또한 수춘성을 나와 공격에 나선 문흠도 위나라 군대의 포위망을 뚫을 수 없었다.

　손침은 여러 차례 주이(朱異)에게 군을 줘서 포위망을 풀게
하지만 주이는 매번 위나라의 견고한 수비를 뚫지 못하고 패
퇴했다. 연이어 벌인 전투가 모두 실패하자 이를 못마땅하게
여겼던 손침은 홧김에 주이의 목을 베어버린다.

　하지만 주이는 뛰어난 장수였고 전투의 패배도 딱히 주이
의 잘못이라고 할 수 없었기 때문에 주이를 죽인 일은 오나
라 장수들의 사기만 깎아버리는 결과를 낳는다.

　이 시기, 오나라에서 가장 유력한 가문 중 하나였던 전씨 일가에서 내분이 일어났는데 머리 회전이 빠른 종회는 편지를 써서 손침이 전씨 일가를 몰살할 계획을 세우고 있다는 거짓 소문을 오나라에 퍼트린다.

　이 계책은 먹혀들어 전종과 손노반의 아들이었던 전역(全懌)을 포함한 많은 전씨들이 사마소에 투항하게 되고, 이로 인해 오나라에서 전씨 일가를 세력기반으로 두고 많은 악행을 저질러오던 손노반 또한 몰락하게 된다.

　한편 수춘은 포위망을 뚫을 길도 막히고, 오나라에서 구원군이 도착할 낌새도 보이지 않았기에 곧 식량이 떨어져 굶어 죽을 정도로 암울한 상황이었다. 아니나 다를까 결국 패배를 직감한 많은 장수들이 위나라에 투항하기 시작한다.

　설상가상으로 제갈탄과 문흠 사이에서도 불화가 생겨 제갈탄이 문흠을 살해하는 일이 벌어지는데, 문흠의 아들이었던

문앙 또한 어린 동생을 데리고 사마소에게 항복해버린다.

사마소는 문앙을 죽여야 한다는 주변의 권유를 뿌리치고 그의 항복을 받아줬는데, 문앙을 죽이면 오히려 성안의 병사들이 죽을 각오로 싸울 것이라고 판단했기 때문이었다.

얼마 후, 사면초가에 처한 제갈탄은 무모한 공격을 시도하다 붙잡혀 죽임을 당하고, 이로써 관구검과 문흠에 이어 제갈탄의 반란 또한 진압된다.

같은 시기, 촉나라에서는 제갈탄이 반란을 일으켰다는 소식을 들은 강유가 다시 군을 일으켜 낙곡으로 출병하지만 이번에도 등애에게 막혀 피해만 입고 돌아온다.

연이은 강유의 무리한 출병은 뚜렷한 성과를 내지 못했고, 이는 결과적으로 촉나라의 국력이 빠르게 쇠퇴하도록 만들었다.

　오나라에서는 손침의 전횡을 보다 못한 황제 손량이 유승(劉丞)을 비롯한 여러 대신들과 함께 손침을 죽일 계획을 세우고 있었다. 하지만 입단속을 제대로 하지 못한 탓에 암살계획은 실행되기도 전에 손침에게 발각되고, 손침에 의해 유승은 죽고 손량은 폐위된다.

　손침은 손량을 대신해서 손권의 또 다른 아들이었던 손휴(孫休)를 황제로 추대한다.

　너무 어려서 손침

에게 제대로 대응하지 못했던 손량과 다르게 손휴는 손침의
비위를 맞춰주며 그의 마음을 얻으려고 했고, 마침내 방심한
손침의 허를 찔러 그를 사로잡는 데 성공한다.

　손침은 손휴에게 살려달라고 간청하지만 손휴는 과거, 손
침이 등윤과 여거를 용서하지 않고 죽였다는 이유를 들어 손
침을 처형한다.

　이때 손침의 나이는 겨우 28세였다고 한다. 이렇게 손휴는
다시 실권을 황제에게로 가져올 수 있었지만 오나라의 국력
은 이미 손준과 손침에 의해 크게 피폐해진 상태였다.

260년, 위나라에서도 젊은 황제 조모가 실권을 장악하고 있던 사마소를 죽여 황권을 강화할 계획을 세우고 있었다.

조모는 성격이 급했으며, 사마소에게 모멸감을 느끼고 있었기 때문에 성급하게 계획을 실행한다. 조모는 직접 병사 수백 명을 이끌고 사마소를 죽이러 나섰는데 이미 조모의 계획을 파악하고 있었던 사마소는 가충에게 정예병을 주어 조모를 막게 했다.

　황제였음에도 조모는 무모하게 직접 칼을 휘두르면서 이들과 싸웠고, 가충의 병사들은 황제를 함부로 죽일 수 없어 난감한 상황이었다.

　가충의 부하였던 성제가 가충에게 어떻게 할지를 묻자 가충은 "사마소께서 그대를 키운 것은 바로 오늘을 위해서다."라면서 공격을 허락했다.

　이 말을 들은 성제은 황제를 찔렀는데 창끝이 등을 뚫고 나왔다고 한다. 가충과 군사들이 황제를 죽였다는 소식을 들은 사마소는 매우 놀라면서 세상 사람들이 자기를 어떻게 생각할지를 걱정하자 곁에 있던 진태가 가충에게 죄를 물어 죽일 것을 권했다. 하지만 차마 가충을 죽일 수 없었던 사마소는 대신 성제를 처형하고 그의 삼족을 멸했다 한다.

　사마소에 의해 조모가 죽자 대신들은 논의 끝에 조조의 손자인 조환(曹奐)을 새로운 황제로 세웠는데 그는 위나라의 마지막 황제가 된다.

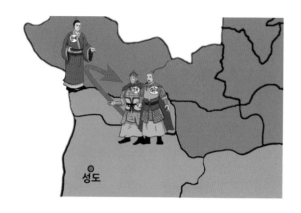

성도

　262년 10월, 강유는 하후패와 함께 또다시 무리한 북벌을 시도한다. 그러나 이번에도 천적이나 다름없던 등애에 막혀 격파되고 하후패마저 전사한다.

　　　　　　　　　　　　　　당시 촉나라에는 유선의 총애를 받는 황호(黃皓)라는 환관이 권력을 잡고 있었는데, 황호는 평소 강유를 미워했다고 한다.

　강유는 이번 패배를 빌미로 황호가 그를 제거할거라는 소문이 들리자, 이에 두려워하며 성도로 돌아가는 대신 답중(沓中)에 주둔한다.

　사마소는 패배를 거듭한 촉의 국력이 쇠퇴했다고 판단하여 촉을 공격하기로 한다. 이때 등애를 비롯한 대부분의 사람들이 반대했는데, 오직 종회만이 촉을 멸망시킬 수 있다고 말했다.

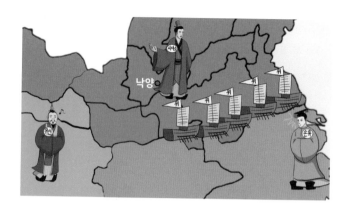

　사마소는 종회를 시켜 촉나라 방면의 지형을 조사하라고
지시하는 한편 많은 배를 만들라고 명령했다. 이렇게 외부에
서 보기에는 마치 위나라가 오나라를 공격할 계획인 것처럼
보이게 했다.

　사마씨의 가신이었
던 소제(邵悌)가 사마
소를 찾아가 "종회는
믿기 어려운 사람이
니 그에게 공격을 맡
겨서는 안 됩니다."라
고 말하자 사마소는

"오직 종회만이 나의 의견과 같았으므로 종회를 파견해 촉나라를 토벌하려는 것이오. 그는 반드시 촉나라를 멸망시킬 수 있소. 촉나라를 멸망시킨 후에 그대가 걱정하는 일이 발생하더라도 그가 할 수 있는 것이 무엇이겠소? 패배한 군대의 장수는 용감하다 말할 수 없고 나라를 잃은 이들은 두려워 할 것이니 그들과 함께 반란을 일으키더라도 스스로 멸망을 초래하는 것이오."라고 말했다 한다.

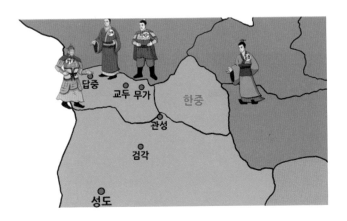

263년 8월, 오랜 전쟁 준비를 끝낸 사마소가 마침내 촉나라 침공을 개시한다. 총 18만의 대군을 동원한 위나라는 군을 나눠 세 방면에서 촉을 공격한다.

서쪽에서는 등애가 강유가 주둔하고 있던 답중을 공격했고, 옹주자사 제갈서는 강유의 퇴로를 차단하기 위해 무가(武街)와 교두(橋頭)를 공격했으며, 마지막으로 종회는 주력군을 이끌고 한중으로 진격했다.

위나라가 대대적인 공격을 시작했다는 소식을 들은 강유는 유선에게 표를 올려 지원군을 요청했지만 황호는 적이 쳐들어오지 않을 것이라는 무당의 말로 유선을 안심시키고 신하들에게 적이 침공했다는 사실을 알리지 않았다. 이 때문에 위나라의 공격에 대한 촉의 초반 대응은 크게 늦어진다.

위나라군은 물밀듯이 촉나라로 거침없이 진격해왔고, 20년 전 왕평이 목숨 바쳐 수호했던 한중이 종회에게 함락된다.

한중이 공격받고 있다는 소식을 들은 강유는 답중을 포기하고 급히 관성(關城)으로 향한다. 그러나 관성으로 가는 도중 관성마저 함락됐다는 소식을 듣게 되자 검각(劍閣)으로 후퇴해 뒤늦게 유선이 보낸 지원군인 장익의 군과 합류한다.

25장

난세의 끝, 삼국을 통일하는 사마염

　263년, 18만의 대군을 동원해 3방면에서 촉나라를 침공한 위나라는 연승을 거두면서 강유를 검각까지 밀어붙인다.

　장익의 지원군과 합류한 강유는 군을 재정비하고, 종회를 상대로 검각을 방어했다.

　검각에 도착한 종회는 강유를 칭찬하는 내용의 서신을 보내

그를 회유하려 했지만 강유는 아무런 답변도 하지 않은 채 수비에만 집중했다고 한다.

종회는 강유의 완강한 수비에 진군을 하지 못하게 되고 보급로마저 길어져 군량을 운반하는 것이 어려워지자 군을 퇴각할 것을 논의하는 지경에 이른다. 하지만 위나라에는 등애가 있었다.

등애는 "성도를 직접 공격하면 검각의 촉군은 저절로 물러날 것입니다."라는 내용의 상소를 올린 후 성도로 진군한다.

음평에서 성도까지는 산세가 험한 걸로 악명이 높았고 길 자체가 없어서 등애는 행군하는 동안 산을 뚫으며 길을 만들어야 했다. 이때 절벽을 따라 한 줄로 행군하는 병사들의 모습이 마치 생선을 꿰어놓은 것과 같았다고 한다.

갖은 고생 끝에 등애는 강유성(江油城)에 도착하고, 아무런 대비도 하지 않고 있던 촉의 수비대장 마막(馬邈)은 저항없이 등애에게 항복해버린다.

　항복한 마막을 길잡이로 삼은 등애는 빠르게 남하한다. 등애가 성도로 진군해오고 있다는 소식을 들은 유선은 제갈량의 아들 제갈첨(諸葛瞻)을 보내 이들을 막게 하지만 제갈첨은 등애에게 패해 죽임을 당한다.

　제갈첨이 죽음으로써 성도의 마지막 방어선이 무너지자 유선은 스스로를 결박하고 성을 나가 등애에게 항복한다. 43년 간 삼국시대의 한 축을 담당했던 촉한이 역사의 뒤안길로 사라지는 순간이었다.

등애는 촉나라를 멸망시켰다는 것을 자랑스럽게 여겨 촉의 사대부들에게 "여러분들은 저를 만나 목숨을 연명할 수 있게 된 것입니다. 만약 다른 사람이 이 자리에 있었다면 모두 죽였을 것입니다. 강유는 원래 뛰어난 인재지만 하필 저를 만나 궁지에 몰린 것입니다."라고 말했다 한다.

등애는 자신의 말대로 스스로를 자랑스러워 할만 했지만 그는 자신이 죽을 날이 머지않았단 사실은 모르고 있었다.

촉한이 멸망하자 종회는 제갈서*와 등애에게 누명을 씌우는 상소를 올려 군권을 홀로 독차지한다. 그리고 등애는 순식간에 전쟁 영웅에서 반역 죄인이 되어 낙양으로 호송된다.

---

* 제갈서(諸葛緖): 위나라~서진의 정치가. 관구검의 난을 틈탄 오나라의 손준이 쳐들어오자, 등애와 함께 손준군을 저지했다. 이후, 종회, 등애와 함께 촉 정벌군의 대장이 되었다. 종회의 고발로 군사들을 뺏기고 수도로 소환되었으나 서진 시대가 되어서는 태상 등 고위관직을 역임했다.

　하지만 사실 반란을 꾸미고 있었던 건 종회였다. 종회는 자신에게 항복해온 강유와 손잡고 촉의 병사들까지 흡수하여 대략 25만에 육박하는 대군을 지휘하게 된다. 이대로 종회가 25만의 병사들과 위나라로 진군한다면 사마소 또한 승리를 장담할 수 없는 상황이었다.

종회는 강유의 조언에 따라 반란에 협조하지 않는 위나라 장수들을 죽이려 했는데, 감금됐던 위나라 장수 호열(胡烈)이 부하들을 통해 종회가 병사들을 몰살시킬 거라는 소문을 퍼트리자 호열의 병사들이 종회를 죽이기 위해 그의 막사로 쳐들어간다.

갑작스런 습격을 받게 된 강유와 종회는 직접 대여섯 명을 죽이면서 필사적으로 싸웠지만 결국 종회와 함께 비참한 최후를 맞이한다.

강유가 죽기 전에 유선에게 보낸 밀서에는 "폐

하께서는 며칠만 더 치욕을 참아내십시오. 제가 사직을 다시
안정시켜 어두워진 해와 달을 다시 밝히겠습니다."라고 적혀
있었다고 한다.

한편 등애 또한 낙양으로 호송되던 중 그에게 원한을 품고
있었던 위관*에 의해 죽임을 당한다.

---

* 위관(衛瓘): 위나라~서진의 대신. 사마소가 촉나라 정벌을 나설 때 종회의 아래에서 병
  사들을 감독하는 일을 했다. 등애가 활약해 촉이 멸망하자 이를 시기하여 종회와 함께
  등애를 모함했다. 본래 종회는 등애가 위관을 해치면 이를 빌미로 직접 등애를 잡으려
  했다. 그러나 위관은 등애가 주둔하고 있는 성도로 가서 오직 등애만을 체포하러 왔을
  뿐, 다른 사람에게는 죄를 묻지 않겠다고 하여 등애의 장수들로부터 항복을 받아낸다.
  등애와 그 아들까지 붙잡은 위관은 종회가 난을 꾀한다는 것을 알게 되자 호열과 함께
  이들을 진압한다. 그러나 등애의 수하들이 등애의 무고가 밝혀졌다며 그를 풀어주려 하
  자 보복당할 것이 두려워 등애 부자를 먼저 죽였다.

　　264년 3월, 촉나라 정복이라는 대업을 이룬 사마소는 진공(晉公)에서 진왕(晉王)으로 봉해진다. 자신을 견제할 종회나 등애가 없는 상황이 되자 사마소는 무소불능의 절대 권력을 휘두르게 된다.

　　이후, 사마소는 촉한의 황제였던 유선을 낙양으로 불렀는데 극정*을 비롯한 소수만이 유선을 따랐다고 한다.

---

* 극정(郤正): 촉한의 문신. 조부는 익주자사를 지내던 도중 도적에게 살해당했으며, 아버지는 맹달의 휘하에 있다가 그와 더불어 위나라에 항복했다. 극정은 아버지를 일찍 여의었으나 어린 나이부터 재능을 떨쳐 궁에 들어가 벼슬을 했다. 승진을 거듭하면서도 당시 권력을 잡고 있던 황호와 사이가 나쁘지 않았기 때문에 황호의 칼날을 피할 수 있었다. 촉한이 멸망할 때 등애에게 항복하는 글을 썼으며, 이후로도 쭉 유선을 보필했다.

　사마소는 유선을 환대하면서 그를 위해 연회를 베풀었는데 주변 사람들이 모두 슬퍼했으나 유선은 기뻐하며 웃고 있었다. 이를 본 사마소는 가충에게 "사람이 무정하니 저 지경에 이른 것이오. 비록 제갈량이 살아 있었다고 해도 보필하여 오래 보전하지 못했을 것인데 하물며 강유겠소?"라고 말했다 한다.

　사마소는 유선에게 다가가 촉이 생각나지 않는지를 물었고, 유선은 "여기가 즐거워 촉이 생각나지 않소."라고 답했다 한다.

　이를 부끄럽게 여긴 극정은 유선에게 다음에 사마소가 묻거든 "마음이 촉을 향해 있어 하루라도 생각나지 않는 날이 없다."라고 답한 뒤 눈을 감아 슬픈 표정을 지으라고 말했다.

　얼마 후 사마소가 유선에게 어떻게 지내는지를 물어보자 유선은 슬픈 표정을 짓는다. 하지만 연기가 어설펐는지 사마소는 유선에게 "극정이 시킨 것이오?"라고 물었고, 유선은 깜짝 놀라 그렇다고 말하자 보고 있던 사람들이 웃음을 터뜨렸다고 한다. 불행인지 다행인지 이를 계기로 사마소는 유선에 대한 의심을 완전히 버리게 된다.

264년 7월, 오 나라에서는 황 제 손휴가 병을 얻어 요절하고 손화의 아들이 었던 손호가 새 로운 황제로 등 극한다. 명군의 자질을 보였던 손휴와는 다르게 성격이 포악 했던 손호(孫皓)는 사치를 좋아했고 대신들을 함부로 죽이는 등 폭정을 일삼았다. 특히나 손호는 무리하게 도읍을 건업에 서 무창(武昌)으로 옮겼다가 다시 건업으로 옮기는 무의미한 행동으로 국력을 낭비한다.

265년 8월, 위나라에서는 사마소가 죽고 그의 아들 사마염
(司馬炎)이 아버지의 뒤를 이어 진왕이 된다. 그리고 같은 해
12월, 위나라의 황제 조환이 황제 자리를 사마염에게 양도함
으로써 사마염은 새로운 황제로 즉위한다.

황제가 된 사마염은 나라의 이름을 위에서 진으로 고친다.
이로써 헌제로부터 황제 자리를 양위 받았던 조씨의 위나라
또한 한나라와 같은 절차를 밟으며 멸망하게 된다.

한편 남쪽의 오나라에서는 손호의 폭정이 계속되고 있었다. 육항 등 여러 대신들은 손호에게 잘못된 국정을 바로잡아야 한다고 조언했지만 손호는 전혀 듣지 않으며 새로운 궁궐을 건설하는 등 사치를 일삼을 뿐이었다. 시간이 흐를수록 오나라의 국력은 점점 더 약해져 갔고, 손호는 대신들의 신뢰를 잃게 된다.

272년 8월, 손호는 죽은 보즐의 아들 보천*을 도읍으로 불렀는데, 이전에 손호가 사소한 이유로 많은 대신들을 죽였던 걸 기억한 보천은 두려워하면서 진나라에 투항한다.

보천이 다스리고 있었던 서릉(西陵) 지역은 형주를 방어하는 요충지였기 때문에 이 지역을 진나라에 빼앗긴다면 오나라 입장에서는 크나큰 타격일 수밖에 없었다.

---

* 보천(步闡): 오나라의 장수. 승상이었던 보즐의 아들. 아버지 보즐이 죽은 뒤, 그 자리를 물려받았다. 손호에게 무창으로 천도할 것을 건의한 장본인이기도 하다. 손호는 보천에게 새로이 높은 관직을 임명하며 조정으로 불렀는데, 보천은 갑작스러운 부름에 불안함을 느껴 제 손으로 아들과 조카를 진나라에 인질로 보내며 항복했다. 육항이 보천을 치러 오자, 진나라 역시 양호와 양조를 보내어 보천을 돕게 했다. 그러나 진나라의 구원군들은 모두 육항에게 격퇴당해 보천은 고립되었고, 결국 육항은 서릉을 탈환하고 보천의 목을 베었다.

5부 삼국통일

손호는 즉시 육항을 파견해 서릉을 탈환할 것을 명령했고, 진나라에서는 양조*와 양호**에게 군을 주어 보천을 돕도록 했다.

---

* 양조(楊肇): 서진(西晉)의 장수. 글재주가 뛰어나 초서와 예서에 특히 뛰어났다. 문장 짓는 것이 채옹을 뛰어넘을 정도라 평가받던, 양조의 사위였던 반악(潘岳)은 양조의 붓 움직임을 두고 '움직임은 나는 것과 같고 종이의 떨어짐은 구름과 같다'라고 평했다. 보천이 항복해오면서 벌어진 서릉전투에서 육항에게 패한 뒤, 파면당해 평민이 되었다.

** 양호(羊祜): 위나라~진나라의 장수. 키는 오늘 날의 165cm 정도였지만 수염과 눈썹이 매우 아름다웠다고 한다. 학문이 뛰어나고 문장을 잘 지었는데, 곽가의 아들인 곽혁은 이런 양호를 만나본 뒤 그를 현대의 안재[顔子, 공자의 으뜸가는 제자 안회(顔回)]라 말했다. 조방 즉위 후 권력을 잡은 조상이 양호를 불러 쓰려 했으나 양호는 이를 거절했다. 대장군이 된 사마소가 양호를 등용했으며, 이후로 쭉 신임을 받아 관중후(關中侯)에 봉해졌다. 사마염은 진나라를 세운 뒤 양호를 중군장군으로 임명했고, 이후 오나라를 멸망시킬 마음을 먹고 양호를 도독형주제군사로 임명하여 양양으로 보냈다. 훗날, 양호는 병으로 위독해지자 두예(杜預)를 자신의 후임으로 삼게 하고 세상을 떠났는데, 이때 양호가 머물고 있던 형주의 백성들뿐만 아니라 근처 오나라의 사람들까지 양호의 죽음을 슬퍼했다고 한다. 오나라가 멸망한 뒤, 신하들이 사마염에게 술을 올리자 사마염은 이 모든 것은 양호의 공이라며 슬피 울었다 한다.

  육손의 아들답게 군사적 재능이 남달랐던 육항은 성 주변을 둘러싸는 벽을 짓게 했는데, 부하들은 고된 노동에 힘들어 차라리 신속하게 성을 공격하는 것이 어떤지를 물었다.

  육항은 "성이 견고해 쉽게 함락하기 힘드니 진나라에서 보낸 지원군이 도착할 것을 대비하여 벽을 쌓아야 한다."라고 답했다. 하지만 부하들이 계속 공격을 주장하자 할 수 없이 허락했는데, 과연 육항의 말처럼 성벽을 넘을 수 없었다.

  서릉에 도착한 양조는 공격을 개시하지만 육항의 현명한 대응에 막혀 시간만 지체하자 군을 돌려 퇴각한다. 그리고 얼마 후 보천이 지키고 있었던 서릉성 또한 육항에 의해 함락되고, 보천은 처형된다.

이후, 육항은 양양에 주둔하고 있던 양호와 대치상태에 들어간다.

양호는 보천이 진나라에 투항하기 전인 269년부터 양양에 주둔하고 있었는데 부임할 당시 군량이 100일치도 안 되는 것을 보자 밭을 개간해 10년 치의 군량을 확보한 것으로 그 능력을 과시했다.

양호는 진나라와 오나라를 가리지 않고 덕을 베풀어 많은 미담을 남겼을 정도로 널리 민심을 얻고 있었다.

양호가 전략적으로 선정을 펼침으로써 오나라 백성들 사이에서 진에 항복하는 이들이 많아지자 육항 또한 지지 않고 선정을 펼쳐서 그 일대가 풍요로워졌다고 한다.

양호와 육항은 서로를 존경했기 때문에 육항이 양호에게 술을 보내도 양호는 독이 들었는지조차 의심하지 않고 마셨으며, 육항이 병들었을 때는 양호가 약을 보냈다고 한다. 하지만 손호는 육항과 양호가 화목하게 지낸다는 소식을 듣자 육항을 질책하고 의심한다.

당시 손호의 폭정은 절정에 달해서 매년 대신들의 딸 중 나이가 열다섯 정도가 되면 빠짐없이 검열하게 했고, 그중에서 자기 마음에 드는 이들을 후궁으로 삼아 후궁의 수가 1,000명을 넘었다.

손호는 특히나 장포*의 딸 장미인(張美人)을 총애했는데, 이 장포는 손호가 불과 몇 년 전에 죽였던 인물이었다.

　손호는 장미인에게 부친이 어디 있는지를 물었는데 그녀
는 아버지가 도적에게 살해당했다고 답했다. 손호는 그녀가
자신을 도적에 빗대어 말하는 줄 알고 장미인을 몽둥이로 때
려 죽였다.

　하지만 손호는 그녀의 미모를 그리워해서 나무로 그녀의
형상을 깎게 해 자신의 곁에 둘 정도였고, 끝내는 이미 시집
간 장미인의 언니를 빼앗아와 자신의 부인으로 삼았다.

---

* 　장포(張布): 오나라의 정치가. 손휴와 더불어 오나라의 권력을 잡고 있던 손침을 죽이는
　데에 일조했다. 손침 일당을 제압한 공으로 보의장군(輔義將軍)에 임명되고 영강후(永康
　侯)에 봉해졌다. 권력을 잡게 된 장포는 매우 거만하게 행동했다. 손휴가 죽은 뒤 평판
　높던 손호를 옹립하는 데에 다른 대신들과 뜻을 같이 했으나 손호가 등극 후 폭정을 일
　삼자 이를 후회했다 한다. 손호는 장포가 자신을 추대한 걸 후회하고 있단 사실을 알게
　되자 그를 귀양 보내고, 귀양 보내는 도중에 사람을 보내 죽인 뒤 오직 장포의 두 딸만
　살려두고 나머지 삼족을 멸했다.

손호는 또한 자기 마음에 안 든다고 사람의 얼굴 가죽을 벗기거나 눈알을 뽑는 등 헤아릴 수 없을 정도로 많은 악행을 저질렀다.

　274년 7월, 오나라 최후의 보루였던 육항이 병으로 세상을 떠난다.

　육항이 죽었다는 소식을 들은 양호는 지금이 오나라를 침공할 적기라면서 사마염에게 "손호는 성격이 방종하고 부하들에게 시기심이 많아 장군들이 조정에서 의심을 받고 있습니다. 그들에게는 조정을 보전할 계책도 없고 하나로 정해진 신념도 없습니다. 평상시에도 도망갈까 고민하는 상황인데 우리가 쳐들어가면 반드시 우리에게 호응하는 사람이 있을 것입니다. 만약 오나라 정벌을 포기하여 손호가 죽고 오나라에 훌륭한 군주가 즉위한다면 우리가 비록 백만 대군이 있다 한들 장강을 넘을 수 없을 것이니 후세에 근심이 생길 것입니다."라고 진언을 올린다.

 양호의 말에 따라 사마염은 오나라를 공격하기로 결심한
다. 하지만 양호 자신은 진나라가 중국을 통일하는 것을 지
켜보지 못하고 병으로 세상을 떠난다.

 양호는 항상 겸손하고 바른 모습을 보였기 때문에 형주에서
뿐만 아니라 조정의 여러 대신들 사이에서도 많은 존경을 받
았다. 양호가 죽자 통곡하지 않는 사람이 없었고, 황제 사마염
또한 강추위에도 불구하고 직접 소복을 입고 양호를 위해 통
곡했는데 그 눈물이 수염에 떨어져 얼음이 됐다고 한다.

279년 여름, 오나라 남쪽 교주에서는 곽마*라는 자가 반란을 일으켜 무서운 기세로 북상하고 있었다.

오나라가 혼란한 지금이 공격할 적기라고 판단한 두예는 사마염에게 글을 올려 결단을 촉구하고, 사마염은 드디어 오나라 정벌을 결정한다.

20만의 진나라 군은 동시에 여섯 방면에서 오나라를 침공했는데 손호에 의해 망가질 대로 망가졌던 오나라는 당연히 진나라의 상대가 되지 못했다.

이때 형주를 평정하고 있었던 두예에게 어떤 사람이 봄에 강물이 불어날 것이니 물러났다 겨울에 다시 공격할 것을 제안하자, 두예는 지금 군의 기세가 대나무를 쪼갤 때처럼 맹렬하고 대나무는 몇 마디만 쪼개면 전부 쪼개질 거라면서 공격을 멈추지 않았다.

---

* 곽마(郭馬): 합포(合浦)태수 수윤(脩允)의 사병장. 수윤이 죽은 뒤, 수윤의 휘하에 있던 군대는 법도에 따라 흩어져야 했다. 꽤나 정이 쌓여 있던 곽마와 병사들은 슬픔을 나누는 중이었는데 이때 손호가 호구 조사를 실시해 세금을 부과하려 하자 분노하여 반란을 일으켰다. 오나라에는 일찍이 '오나라가 멸망할 때, 남방에서 반란이 일어날 것이다.'라는 예언이 있었기에 손호는 곽마의 반란 소식을 듣자 "이제 오는 망했구나."라고 한탄했다 한다.

'대나무를 쪼갤 때의 맹렬한 기세'라는 의미의 '파죽지세 (破竹之勢)'는 여기에서 유래된 사자성어다.

　두예의 말처럼 진나라 군은 파죽지세로 오나라 군을 밀어 붙였고 더 이상 승산이 없다고 판단한 손호가 진나라에 투항하면서 오나라는 멸망한다.

　훗날 낙양에서 손호를 만난 사마염이 "오랫동안 이런 자리를 만들어놓고 그대를 기다렸다."라고 말하자 손호 또한 지지 않고 "저 또한 남쪽에 이런 자리를 만들어 놓고 폐하를 기다렸습니다."라고 답했다. 이를 들은 사마염은 그냥 웃어넘겼다고 한다.

마침내 사마염과 진나라는 그토록 염원하던 삼국통일을 이뤘고, '황건적의 난' 이후 거의 100년간 이어졌던 난세를 끝내게 된다.

외전

관구검과 고구려

　제갈량이 죽은 직후인 237년, 위나라는 고구려와 접촉하게 된다. 고구려와 인접한 요동지역은 대대로 공손가문이 지배하고 있었는데 이 당시에는 3대째인 공손연이 요동을 다스리고 있었다.

　공손가문은 오랜 세월 동안 고구려와 잦은 갈등을 빚고 있었는데 어떤 면으로는 고구려 입장에서 고마운 존재이기도 했다. 공손연이 위나라와 고구려 사이에서 완충 역할을 하고 있었기 때문에 고구려가 위나라라는 강대국과의 대립을 피할 수 있었던 것이다.

　공손가문이 없었다면 위나라와 국경이 직접 맞닿은 상황에서 호전적인 조조의 성격을 보아 전예나 조인 같은 장수들을 보내 고구려를 침공했을 가능성도 꽤나 높았을 것이다. 그리고 이런 가정은 고구려 입장에서 볼 때 절대 즐거운 가정이 아니었다.

　공손연은 앞선 이야기에서 언급했듯 매우 변덕스러운 인물이었다. 그는 오나라의 손권에게 복속하겠다고 먼저 사신을 보냈다가 정작 오나라 사신이 도착하자 그들을 죽였고, 그 때문에 동맹관계였던 위나라 또한 공손연을 항상 의심하고 있었다.

　237년, 위나라의 황제 조예는 공손연을 수도 낙양으로 불렀는데 공손연은 오히려 군을 일으켜 위나라에 반기를 들었다. 이 소식을 들은 조예는 유주자사였던 관구검에게 출진 명령을 내린다. 그러나 열흘간 비가 계속 내린 탓에 요수의 강물이 불어나자 명제는 관구검에게 군대를 철수시키도록 했다.

　조예는 공손연을 토벌하기 위해 또 한 명의 인물을 낙양으로 부른다. 그는 바로 위나라의 에이스, 사마의였다.

　조예가 사마의를 만나 공손연이 어떤 계책을 쓸 거 같은지 묻자 사마의는 "오직 현명한 자만이 상대방과 자신의 상황을 헤아려 전략을 세울 수 있는데 공손연은 그럴 능력이 없습니

다. 공손연은 제가 장기전에 버틸 수 없으리라 생각해서 요수에 방어선을 치고 패하면 양평을 지킬 것인데 이는 중책이나 하책입니다."라고 답한다.

사마의가 요동으로 향하고 있다는 소식을 들은 공손연은 다시 손권에게 사신을 보내 도움을 청한다. 과거 공손연이 자신의 사신을 죽였던 일을 떠올린 손권은 공손연의 사신을 죽이려고 했지만 신하들의 만류로 참는다.

대신 손권은 사신에게 "사마의가 향하는 곳에 앞을 가로막을 자가 없으니 심히 공손연이 걱정되오."라고 답하고 말았다 한다.

238년 6월, 사마의는 4만의 군대와 함께 요동에 도착한다. 사마의는 공격에 앞서 위나라와 우호관계를 맺고 있던 고구려의 동천왕(東川王)에게 도움을 요청한다.

고구려의 11대 왕이었던 동천왕은 이제 막 서른을 넘긴 젊은 왕이었다. 《삼국사기》에 따르면 동천왕은 성격이 너그럽고 인자했다고 하는데 특히나 화를 내지 않는 것으로 유명했다고 한다.

한번은 왕후가 왕이 화내는 걸 보고 싶어서 동천왕이 유람하러 나간 틈을 타 왕이 타는 말의 갈기를 잘랐는데, 동천왕은 "말이 갈기가 없으니 가련하구나."라고만 말했다고 한다.

왕후는 포기하지 않고 시종을 시켜 왕의 옷에 국을 엎지르게 했다. 그런데도 왕은 화를 내지 않았다.

동천왕은 공손연에게서 도망친 손권의 사신들을 잘 대접해서 오나라로 돌려보낸 적이 있었는데 이에 손권은 기뻐하면서 고구려와 동맹을 맺기

위해 사신을 보낸다. 하지만 동천왕은 이미 위나라와 동맹 관계에 있었기 때문에 손권이 보낸 사신의 목을 베어 위나라에 보냈다.

한편 공손연은 사마의와 맞서기 위해 부하 장군 비연(卑衍)에게 수만의 군을 주어 요수를 사이에 두고 대치하게 한다.

이때 공손연의 군대는 장기전을 유도하기 위해 요수 주위에 20리 이상의 참호를 팠다. 사마의 또한 군대에 명령을 내려 주위에 참호를 파게 했는데 사실 이것은 눈속임일 뿐이었다. 본진을 이끌고 공손연 몰래 요수를 건넌 사마의는 참호 뒤에 숨어 있던 적군은 건드리지 않고 그대로 공손연의 근거지였던 양평(襄平)으로 향한다.

　부하 장수들이 왜 적을 공격하지 않는지를 묻자 사마의는 "적이 둔영을 견고히 하고 보루를 높이는 것은 우리 군사들을 피로하게 하려는 것이오. 적을 공격하면 그 계책에 곧바로 떨어지게 되는 것이오. 적의 대군이 이곳에 있으니 그 소굴은 비어 있을 것이오. 우리가 곧바로 양평으로 향한다면 내심 두려움을 품을 것이고 두려움을 품으면 싸우러 나설 것이니 반드시 격파할 수 있소."라고 답했다.

　사마의의 말대로 텅 빈 후방이 노출된 것을 본 공손연의 군대는 참호를 빠져나와 서둘러 사마의의 군대를 공격했지만 이들은 당연히 사마의의 상대가 되지 못한다.

　사마의에게 참패한 공손연의 군대는 양평성에 들어가 농성에 들어가고, 사마의는 성을 포위해 공격한다.

　포위가 계속되자 성안에서는 양식이 떨어져 사람들이 서로를 잡아먹었다고 한다. 두려워진 공손연은 사마의에게 항복할 뜻을 보이지만 사마의는 받아주지 않았다.

결국 공손연은 포위망을 뚫고 도망가려다가 사로잡혀 참수된다. 이로써 공손 가문은 멸문되고 요동지역은 위나라에 정복된다.

요동을 정복한 사마의는 15세 이상의 남자 7,000명을 죽이고 그 인골을 쌓아 기념비를 만들었다고 한다.

사마의는 원정을 떠나기에 앞서 조예에게 요동을 점령하는 데 100일이면 충분하다고 말했는데, 그의 말대로 정복에 걸린 시일이 정말 100일을 넘기지 않았다.

한편 고구려 또한 1,000명의 군대를 보내 사마의를 지원했
지만 지원이 너무 늦어져 별 도움이 되지 못했다. 이에 사마
의는 고구려의 기여가 미비하다고 보고 요동지역의 지배권
을 독차지한다.

몇 년 뒤인 242년, 위나라의 처사에 불만을 느낀 고구려가
요동의 서안평(西安平)을 공격한다.

동천왕에게는 득래(得來)라는 신하가 있었는데 동천왕이
위나라를 배반하는 것을 걱정하며 동천왕을 말리려고 했다.
그러나 왕은 간언을 듣지 않고, 득래는 "머지않아 이 땅이 쑥
대밭이 되겠구나."라고 탄식했다 한다.

246년, 고구려가 요동을 공격했던 일을 잊지 않은 위나라는 관구검에게 1만의 군을 주어 고구려를 토벌하게 한다. 이 시기에 대한 기록은 《삼국지》와 《삼국사기》에 따라 다르다.

하지만 고구려는 그렇게 만만한 상대가 아니었다. 동천왕은 2만의 군대를 모아 반격에 나섰는데 그 중심에는 5,000명의 철갑기병인 개마무사가 있었다.

개마무사는 긴 창을 무기로 기병뿐만 아니라 말까지 강철로 된 갑옷을 입고 있었기 때문에 엄청난 위력으로 적군을 돌파하여 군대의 대형을 파괴할 수 있었다. 개마무사는 현대전으로 치면 탱크와 같은 역할을 했는데, 특히나 평지가 많은 만주에서 큰 파괴력을 보였다.

《삼국사기》에 따르면 고구려와 위나라 군대는 비류수(沸流水)에서 처음 격돌했는데 고구려군이 큰 승리를 거둬서 적군 3,000여 명의 머리를 벴다고 한다.

얼마 후, 양군은 양맥(梁貊) 골짜기에서 또다시 격돌했는데 이번에도 고구려군이 위나라에 승리해서 또다시 3,000여 명을 죽이거나 사로잡았다고 한다.

이 기록이 맞다면 관구검은 동원한 1만 명의 병사 중 절반이 넘는 6,000명을 잃은 셈이다.

두 차례의 승리로 자신감이 올라간 동천왕은 여러 장수들에게 "위나라의 대병이 오히려 우리의 소병만 못하다. 관구검이란 자는 위나라의 명장이지만 오늘 그의 목숨은 나의 손아귀에 달려 있도다."라고 말했다 한다.

연달아 승리를 쟁취한 고구려군은 관구검의 잔존 세력을 완전히 없애기 위해 마지막 공격을 개시한다. 하지만 관구검 또한 그저 넋 놓고 당할 장수가 아니었다.

　고구려군은 기병을 앞세워 돌진하지만 이는 오히려 관구검의 방진에 막혀버린다. 그리고 고구려군의 기세가 꺾인 틈을 타 관구검이 공격에 나서자 고구려군은 2만의 병력 중 무려 1만 8,000명이 전사하는 참패를 당한다.

　이때 관구검이 어떤 방진을 썼는지에 대해서는 자세한 기록이 남지 않아 정확하지 않지만 아마 관구검이 과거의 패배를 통해 고구려 철갑기병의 돌진을 멈춰 세울 목책이나 방패를 활용했을 것으로 추정된다.

　참고로 중국 쪽 기록에 따르면 관구검

은 패한 적이 없으며 고구려를 상대로 연전연승했다고 한다. 각기 다른 기록의 사실 여부를 떠나 결과적으로 고구려는 관구검을 상대로 궤멸적인 패배를 당했으며, 동천왕은 겨우 1,000명의 기병만을 데리고 탈출한다.

관구검은 그대로 고구려의 수도 환도성까지 진격하여 성을 함락시키고 수천 명의 고구려 주민을 학살한다. 가까스로 환도성에서 빠져나온 동천왕은 소수의 부하들을 이끌고 옥저로 도망치지만 관구검은 부하장수 왕기(王頎)를 보내 이들을 추격한다.

　관구검의 추격군에 동천왕이 사로잡힐 위기에 처하자 동
천왕과 끝까지 동행하던 충신 밀우(密友)는 "지금 추격병이
매우 가까이 닥쳐 있으므로 이 형세를 피할 수 없습니다. 바
라건대 제가 죽을 각오로 적군을 방어하면 임금께서는 피할
수 있을 것입니다."라고 말한다.

　별다른 대책이 없었던 동천왕은 밀우로 하여금 추격대와
싸우게 했고, 그 덕분에 동천왕은 무사히 적군의 추격을 따
돌릴 수 있었다.

　이후 동천왕은 유옥구(劉屋句)를 보내 밀우를 구출하게 하고, 유옥구는 사경을 헤매고 있던 밀우를 발견하여 데리고 돌아온다. 동천왕은 오랜 시간 밀우를 극진히 보살핀 끝에 그를 살릴 수 있었다. 그러나 아직 위나라의 추격은 멈춘 것이 아니었다.

　위나라가 점점 포위망을 좁혀오자 유유(紐由)라는 신하는 동천왕에게 "형세가 매우 위급하지만 헛되이 죽을 수는 없습니다. 제게 어리석은 계책이 있습니다. 제가 음식을 가지고 가서 위나라 군사들을 위로하면서 틈을 엿보겠습니다. 그리고 적장을 찔러 죽이고자 합니다."라고 말하자 동천왕은 유유의 계책에 동의한다.

　유유는 위나라 장수를 찾아가 거짓 항복해 그에게 접근한다. 그리고 동천왕에게 말했던 것처럼 식기 속에 칼을 숨기고 들어가 적장을 죽이는 데 성공하지만 자기 자신도 죽임을 당한다.

유유의 활약 덕분에 위나라 군사들은 혼란에 빠지고, 동천왕은 세 방면에서 이들을 공격해 그들을 격퇴하는 데 성공한다.

얼마 후 관구검이 군을 돌려 위나라로 돌아가자 동천왕 역시 도읍이었던 환도성으로 돌아간다. 하지만 환도성은 이미 위나라 군에 의해서 폐허가 되어 있었기 때문에 고구려는 평양으로 도읍을 옮기게 된다.

　　마음고생이 심했는지 동천왕은 얼마 뒤 248년에 사망한다. 이때 많은 백성들이 크게 슬퍼했고, 따라 죽으려고 했던 무리가 많았다는 기록이 있었을 정도로 동천왕은 백성들 사이에서 명망이 높았다.

　　10년 뒤인 259년, 동천왕의 뒤를 이은 중천왕이 위나라와 전투를 벌여 위나라를 크게 격파하면서 8,000여 명의 목을 벤다. 관구검에게 당했던 아버지의 굴욕을 어느 정도 복수한 것이다. 그리고 이때의 경험은 이후 몇백 년 동안 고구려가 중국의 연이은 침공을 견뎌낼 수 있는 토대가 되었다.

삼국지연의보다 재미있는 정사 삼국지 2

펴낸날 초판 1쇄   2020년 2월 13일
       초판 4쇄   2022년 1월 3일

지은이 써에이스
펴낸이 정현미
펴낸곳 원너스미디어
출판등록 2015년 10월 6일 제2020-000008호
(07788) 서울 강서구 마곡중앙로 161-8 두산더랜드파크 B동 1104호
전화 02)6365-2001   팩스 02)6499-2040
onenessmedia@naver.com

ISBN 979-11-87509-47-9 (04000)
      979-11-87509-45-5 (04000) (세트)

이 도서의 국립중앙도서관 출판시도서목록(CIP)은 서지정보유통지원
시스템 홈페이지(http://seoji.nl.go.kr)와 국가자료공동목록시스템
(http://www.nl.go.kr/kolisnet)에서 이용하실 수 있습니다.
(CIP제어번호 : CIP2020001126)

책임편집 서지영, 크리스 한